Bullying sem
blá-blá-blá

Marcos Meier | Jeanine Rolim

Bullying sem blá-blá-blá

Sumário

Agradecimentos, 9

Introdução, 11

capítulo um
De onde vem isso? — 13

capítulo dois
O que realmente é bullying? — 21

capítulo três
Tipos de bullying e o perfil dos envolvidos — 33

capítulo quatro
O bullying e a lei — 41

capítulo cinco
Sintomas da vítima — 49

capítulo seis
Sintomas do agressor — 61

capítulo sete
Testemunhos reais — 67

capítulo oito
Prevenindo o bullying — 95

capítulo nove
Meu aluno está sofrendo ou praticando bullying: como devo proceder? — 105

capítulo dez
Meu filho está sofrendo ou praticando bullying: o que eu faço? — 119

capítulo onze
Blá-blá-blás: mitos sobre o bullying — 147

capítulo doze
Influências socioculturais — 157

Conclusão, 167

Referências, 169

Nota sobre os autores, 171

Dedicatória

Aos nossos pais, Leonhard & Jane Dagmar Meier e Dilmar & Aurenir Rolim de Moura, por terem sido sábios na formação de nossa autoestima. Esta nos capacitou a superar todas as agressões sofridas em nossas próprias histórias de bullying.

Agradecimentos

Nossa gratidão a Deus, pela vida e pela possibilidade de realizar esta obra;

Aos nossos familiares, pelo apoio e incentivo constantes;

Aos nossos amigos, pelos risos compartilhados;

Ao psicólogo e professor Décio Zanoni Jr., por suas orientações quanto à análise comportamental em relação aos tipos de punição e à eficácia destes;

Ao psicólogo Gilberto Gnoato, professor e antropólogo, pelos textos enviados sobre a relação entre o bullying e a antropologia;

À psicóloga Maria Rafart, por ter relatado, a nosso pedido, uma exemplar ação corretiva contra um caso de preconceito envolvendo crianças;

Aos queridos Alessandra Garcia, Aline Thalita Marques Cordeiro, Aniele Felizardo Dementovis, Katiuscia de Faveri, Luciane Czelusniak Obrzut, Mara Plonka, Martin B. Meier e Vladimir Ricardo Moresqui, que prontamente atenderam aos nossos pedidos e relataram suas histórias como vítimas de bullying, assim como suas respectivas atitudes de superação;

À equipe da Editora Ibpex, pelo profissionalismo e carinho com que sempre nos atenderam.

Introdução

Este é um livro de professores para professores e de psicólogos para pais. Nosso objetivo principal é fazer com que esta obra seja útil para escolas e pais no combate ao bullying. Não se trata de uma obra acadêmica ou de aprofundamento teórico, mas de um livro para ajudar pais e professores no dia a dia. Por isso, vamos direto ao assunto e trazemos várias orientações práticas e claras.

Há, nesta obra, dois grandes diferenciais: apontamos para o fato de que nem tudo é bullying e apresentamos o agressor como alguém que também precisa de ajuda, e não apenas de punições.

A escola deve ser um ambiente seguro, onde haja a construção de amizades verdadeiras e de muita aprendizagem, além de momentos alegres; deve ser, um lugar onde, acima de tudo, a criança tenha um desenvolvimento saudável. A escola jamais deveria ser associada a sentimentos como tristeza ou medo. É por essa razão que o bullying não pode mais ter espaço em nossas instituições de ensino.

Há vários casos no mundo de crianças e adolescentes que cometeram assassinatos ou até mesmo suicídio devido a essa prática doentia. Bullying não é modismo, fase, brincadeira de criança ou algo que deva ser considerado normal. Bullying é agressão, desrespeito, maldade transformada em ações concretas, sejam estas presenciais ou não.

Hoje, quem atua como professor sabe que a cada ano está mais difícil controlar a disciplina dos alunos, ensinar conteúdos escolares e até mesmo fazer o que algumas famílias já deveriam ter feito: ensinar valores como o respeito e gestos de civilidade simples, por meio do uso de expressões como "por favor", "com licença", "muito obrigado" e "me desculpe". Parece até coisa de criança, mas muitos adolescentes acreditam que agir de maneira grosseira, mal educada, prepotente, arrogante e egoísta os diferencia das pessoas consideradas fracassadas ou "malas". Não aprenderam que agir como adulto requer humildade e que, para liderar, é necessário aprender a servir. Esses adolescentes ainda não aprenderam que a solidariedade humana é o que faz uma pessoa vencedora.

Diante desse quadro de desvios de valores fundamentais, o bullying é visto como um meio para se atingir a liderança e o reconhecimento dos colegas. Com isso, as vítimas sofrem. Um inimigo é mais facilmente derrotado quando o conhecemos bem. Dessa forma, para que possamos vencer a guerra contra o bullying, precisamos conhecê-lo bem. Devemos identificar suas causas e consequências, bem como o perfil das vítimas e dos agressores. Não podemos ficar parados, acreditando que isso não acontecerá com as nossas crianças. É preciso agir!

Este livro ajudará você – educador, pai ou mãe – a compreender, prevenir, detectar e combater o bullying de forma efetiva. Boa leitura!

capítulo um

De onde vem isso?

De onde vem isso?

Com a superexposição do tema bullying nos meios de comunicação de massa, temos a impressão de que se trata de um fenômeno frequente apenas nas escolas. Isso não é verdade. Ele sempre existiu, apenas não havia sido nomeado e estudado como é hoje. É imprescindível citar, aqui, o importante papel da mídia na propagação da discussão desse tema para a população em geral. Se houvesse redes de televisão, internet ou rádio desde os primórdios, certamente teríamos relatos desse fenômeno datados das eras mais remotas possíveis.

Toque a

No Brasil, um dos precursores nas pesquisas sobre o bullying é Cleo Fante, uma pedagoga, historiadora e doutora em Ciências da Educação que integra o Centro Multidisciplinar de Estudos e Orientação sobre o Bullying Escolar (Cemeobes). Cleo tem desenvolvido diversas ações de promoção da paz no ambiente escolar em todo o país.

Mas em que contexto ocorrem as práticas de bullying? Como elas se iniciam? Antes de descobrirmos, precisamos atentar para o seguinte: o ser humano agrega-se por semelhanças, ou seja, busca pessoas que tenham os mesmos gostos que ele e que demonstrem preferências parecidas – como, por exemplo, em relação ao estilo musical, à forma de se vestir e às ideias.

Esses agrupamentos caracterizam as famosas "panelinhas", que são facilmente encontradas nas escolas e até mesmo nas empresas. Segundo Wallon (1989)[i], é nos grupos que o indivíduo desenvolve a consciência de si e do outro. Isso faz com que pessoas que têm comportamentos similares se aproximem pelo

---

i   O psicólogo francês Henri Wallon (1897 a 1962) teorizou sobre a psicologia do desenvolvimento, tendo apontado para a importância da afetividade e da motricidade, e não apenas da cognição.

simples fato de o "conhecido" ser comumente considerado seguro por nossa psique. Em outras palavras, aquilo que é diferente se distingue quase que instantaneamente dos nossos padrões de comportamento, podendo gerar estranheza e desconforto.

Até aqui, está tudo dentro da normalidade das relações humanas. O problema ocorre quando surge o bullying, que é nada menos que uma forma de desrespeito às diferenças. Esse antigo fenômeno foi pesquisado inicialmente na Noruega, na década de 1970 pelo sueco Dan Olweus, que, em 1978, publicou a obra intitulada *Agressão nas escolas: valentões e vítimas*[ii] (originalmente, *Aggression in the Schools: Bullies and Whipping Boys*[iii]). Olweus (1978) oficializou, portanto, o início dos trabalhos investigativos acerca dos problemas entre crianças em idade escolar – trabalhos que são realizados até hoje.

A partir da década de 1980, Olweus iniciou estudos interventivos a fim de descobrir meios de prevenir o bullying. Esses estudos foram internacionalmente reconhecidos e premiados, além de terem seus resultados aplicados em projetos de combate ao bullying.

Atualmente, Dan Olweus está à frente do Programa Olweus de Prevenção ao Bullying *(Olweus Bullying Prevention Program)*, que vem sendo adotado reiteradamente por diversos países em busca da erradicação e prevenção desse fenômeno.

Toque a

Você poderá encontrar mais informações a respeito desse programa no seguinte *link:* www.violencepreventionworks.org.

---

ii Tradução livre dos autores.

iii Na tradução literal, a expressão *whipping boys* significa "garotos chicoteados" e remete à ideia de alguém que é punido pelo erro de outra pessoa (uma espécie de bode expiatório).

De onde vem isso?

um.um
A agressividade saudável

Segundo o psicólogo e antropólogo Gilberto Gnoato[iv], o ser humano não nasce bom, como pensava o filósofo Jean-Jacques Rousseau, tampouco mau, como demonstravam os fundamentos funcionalistas do século XIX. Ele é, na verdade, ambíguo e repleto de contradições e nuanças que perpassam pela bondade e pela maldade.

De certa forma, todos temos uma dose de agressividade desde a tenra infância. Essa agressividade, chamada de combatividade[v], é saudável. Ela é usada quando uma criança precisa defender o brinquedo invejado pelo amiguinho ou quando monopoliza a mãe diante do risco de perdê-la para outro bebê. Durante esses momentos, os pais se veem bastante incomodados com as mordidas e arranhões que recebem dos filhos e com as brigas e choros destes. É difícil aceitarmos a relação entre agressividade e saúde emocional, não é mesmo? Isso porque é comum acharmos que agressão é sinônimo de violência.

É inaceitável, em nossa cultura, que um pai ou uma mãe não "chame a atenção" do filho quando este tenta arrancar um brinquedo que possui das mãos de um primo, por exemplo. "Mas que menino malcriado!", logo pensamos. Na verdade,

---

iv Gilberto Gnoato é especialista em Psicologia Clínica, Antropologia e Psicologia Social e mestre em Psicologia. Além disso, é escritor, palestrante e professor. Atua como psicoterapeuta há 20 anos. As ideias desse teórico foram expressas em conversas informais.

v Para saber mais sobre a combatividade, sugerimos a leitura da obra *Agressividade e combatividade*, de Denise van Caneghem.

deveríamos deixá-lo lutar pelo que quer e fazer com que ele proteja o que já possui, mesmo que faça isso por meio de atos agressivos, como mordidas, puxões de orelha ou arranhões. Piaget (1987) nos lembra de que, nesse estágio (chamado por ele de sensório-motor), a criança ainda não domina a linguagem; portanto, seu modo de se relacionar com o mundo é físico, sendo as mãos e a boca as partes do corpo mais utilizadas.

Não estamos defendendo ou incentivando as brigas, muito menos a falta de acompanhamento e orientação dos pais. Apenas acreditamos que ajudaríamos muito os nossos filhos se nos contivéssemos por alguns segundos ou minutos, permitindo, dessa forma, que eles se posicionem diante das dificuldades da vida – o que, vale ressaltar, na fase da infância consiste basicamente em perdas materiais (envolvendo brinquedos estimados, na maioria das vezes).

O mesmo ocorre alguns anos mais tarde, quando, já dominando a linguagem oral, a criança começa a "responder" a seus pais, irmãos mais velhos e parentes. Por vezes, ela usa até mesmo palavras "duras", consideradas absurdas ou inaceitáveis pelos adultos. Entretanto, precisamos, ainda que com limites, dar oportunidades aos nossos filhos e alunos para que exponham seus pensamentos, suas ideias e suas indignações. Para Freud, a agressividade tolhida pode gerar um dano significativo, uma vez que é necessário destruir simbolicamente a outra coisa ou pessoa para que não destruamos (também simbolicamente) nós mesmos (Menezes, 2006). Crianças excessivamente obedientes e que nada questionam tiveram o seu "lado agressivo" tolhido, o que faz com que não saibam manifestar discordância diante de algo por medo da reação dos adultos que as cercam.

De onde vem isso?

Erik Erikson, estudioso do desenvolvimento psicossocial do ser humano, defende a ideia de que cada estágio apresenta uma crise específica, na qual existem duas possibilidades de solução: uma positiva e a outra, negativa. Na crise denominada pelo estudioso *iniciativa* versus *culpa*, corremos o risco de gerar, em nossas crianças, o excesso de culpa como resultado das limitações exageradas às suas atitudes (o que inclui suas falas). Isso, segundo o pesquisador (1998), interfere diretamente na interação das crianças com outras pessoas, podendo causar consequências sérias em sua vida adulta, tanto no âmbito pessoal quanto no profissional. Nessas situações, a solução da crise é negativa.

A afirmação eriksoniana ecoa as descobertas anteriormente realizadas por Winnicott, um grande estudioso da agressividade humana, para quem a agressividade é de caráter inato, inerente ao ser humano. Entretanto, a forma como ela se manifestará vai depender do ambiente no qual o indivíduo estiver inserido desde a primeira infância. Se esse ambiente for de aceitação e integração em relação a essa agressividade natural, o indivíduo desenvolverá meios sadios de se relacionar com os outros, defendendo o que é seu e cedendo quando for preciso. Já no caso de um ambiente excessivamente repressor à agressividade, esse indivíduo poderá se retrair por meio de um autocontrole excessivo ou, no outro extremo, manifestar comportamentos violentos (Dias, 2000).

Podemos afirmar, então, que os teóricos anteriormente mencionados concordam que, ao impedirmos a manifestação da agressividade de nossos filhos e alunos sob a prerrogativa de que eles devam ser "bonzinhos" com todos, acabamos por incentivar uma excessiva retração ou a ausência de controle, o que faz a manifestação violenta tornar-se frequente. Não podemos nos esquecer de que todos somos essencialmente bons e essencialmente maus. Também não devemos nos esquecer da importância de permitir que a criança exerça sua combatividade, a fim de que aprenda a superar os obstáculos e conquistar o objeto desejado. Hoje, esse objeto pode ser um brinquedo. Amanhã, poderá ser uma vaga para trabalhar na melhor empresa do país.

Todos nós precisamos de uma dose de bondade e de agressividade para sobreviver em um mundo tão competitivo. O grande segredo é equilibrarmos essas duas forças ambivalentes por meio do autocontrole, de modo que possamos conviver em paz apesar de, por vezes, lutarmos de maneira egoísta em busca de nossos objetivos individuais.

A combatividade, portanto, nada tem a ver com o bullying, e é preciso que isso fique claro antes de darmos continuidade ao assunto. Atualmente, em decorrência do sensacionalismo midiático sobre casos específicos (e graves) ocorridos ao redor do mundo, o bullying parece ter se tornado uma verdadeira febre, um modismo sobre o qual muito se fala, mas pouco efetivamente se sabe. No capítulo seguinte, delimitaremos as fronteiras entre o bullying e outras situações de conflito.

capítulo dois

O que realmente é bullying?

O que realmente é bullying?

Há roupas e tendências que entram na moda e logo começam a atrair a atenção das pessoas, por mais que estas não saibam exatamente do que se trata. Podemos perceber que isso está acontecendo com o tema *bullying*. Muitos já usam o termo, mas não conhecem a fundo o assunto. Alguns políticos chegam a dizer que seus adversários praticam bullying contra eles. Para que possamos ultrapassar o senso comum e empregar corretamente o conceito em questão, precisamos obter conhecimento científico.

dois.um
Definindo o bullying

Dan Olweus (1993) percebeu três características constantes no que diz respeito ao bullying:

1 As ações se repetem.

2 O agressor tem a intenção de causar dor física ou emocional à vítima.

3 O agressor tem mais poder ou força que a vítima.

> Considerando essas características, podemos definir *bullying* como um conjunto de agressões intencionais e repetidas provocadas por um agressor de maior poder ou força, que causa na vítima dor física ou emocional. Neste livro, usaremos os termos *agressor* e *vítima* para nos referirmos tanto a uma pessoa quanto a um grupo de pessoas. Optamos por essa nomenclatura visando a uma melhor fluência no texto.

Alguns autores, como o médico Aramis A. Lopes Neto, sócio-fundador da Abrapia (Associação Brasileira Multiprofissional de Proteção à Infância e Adolescência), sugerem a mudança da nomenclatura para *autor* e *alvo* em vez de *agressor* e *vítima* (Lopes Neto, 2005). Nessa mesma direção, as pesquisadoras Tognetta e Vinha[i] recomendam a substituição dos termos para não estigmatizar os envolvidos, o que nos parece relevante. Entretanto, continuaremos utilizando nesta obra as palavras *agressor* e *vítima* por acreditarmos que *autor* e *alvo* poderiam minimizar a percepção de gravidade das agressões e diminuir a responsabilidade de seus autores. Acreditamos que a não estigmatização virá por meio da forma madura com que as escolas, famílias e pessoas envolvidas lidarão com esse fenômeno psicológico.

Que tal analisarmos melhor cada uma das três características do bullying?

As ações são repetitivas, sistemáticas.

As ações podem ser diárias, semanais ou ocorrer toda vez que o agressor encontrar a vítima.

Confira alguns exemplos:

- Um aluno é ridicularizado pelos colegas durante quase todas as aulas de Educação Física do colégio em que estuda.
- Sempre que uma menina é vista pela equipe de futebol da escola, é chamada por meio de um apelido humilhante.
- Quando determinado aluno é vaiado na maioria das vezes que faz perguntas ao professor em sala de aula.

---

i   Luciene Tognetta e Telma Vinha, pesquisadoras do Grupo de Estudos e Pesquisas em Psicologia Moral da Unicamp (www.gepem.org). O grupo é uma importante instituição de pesquisas na área da psicologia moral, relacionada à educação e a outras ciências.

O que realmente é bullying?

- Ao explicar um conceito para a turma, frequentemente o professor de Matemática faz a seguinte pergunta a determinado aluno: "Você, obviamente, não entendeu, né?".

O agressor tem a intenção de causar dor física ou emocional à vítima.

A agressão só pode ser considerada bullying se for intencional e se, de alguma forma, incomodar a vítima.

Seguem exemplos de atitudes agressivas intencionais:

- Um aluno tem seu lanche roubado quase todos os dias.
- Um grupo de crianças belisca um colega sempre que ele passa por perto.
- Desenhos eróticos são afixados nas paredes do corredor da escola humilhando determinadas meninas.
- Cartazes com fotos de macacos são afixados na porta da sala de aula em que estudam dois meninos negros.

Crédito: Fernando Favoretto/Criar Imagem

O agressor tem mais poder ou força que a vítima. Essa característica é muito subjetiva, pois um menino muito grande e forte pode estar sofrendo bullying de alguém considerado "baixinho" e "fracote". No entanto, o "baixinho", por meio de ameaças, pode ser bastante convincente, causando medo à vítima. O desequilíbrio está, portanto, na percepção de que o agressor pode causar algum tipo de dano à vítima. Citamos o seguinte exemplo: uma menininha pode ameaçar um colega de turma, que é jogador de basquete, afirmando que, se este não pagar lanches para ela durante o recreio, ela alegará na rede social que ele nunca toma banho e que tem um chulé insuportável. O menino, por acreditar na ameaça, passa, então, a se submeter diariamente às provocações da colega, embora esta seja bem menor e, portanto, mais fraca fisicamente que ele. As situações em que a vítima percebe o agressor como sendo mais forte (por mais que ele não o seja) são exemplos dessa terceira característica do bullying.

dois.dois

O que não é bullying?

Basta que apenas uma das três características mencionadas anteriormente não esteja presente para que a ação não seja considerada bullying.

Exemplos de ações escolares que não consistem em bullying:

- Se um menino de baixa estatura senta-se na sala de aula atrás de um "grandalhão", o primeiro, provavelmente, se sentirá incomodado, pois não conseguirá enxergar o

O que realmente é bullying?

quadro-negro. No entanto, o incômodo não é intencional, já que o aluno maior não quer atrapalhar o colega. Assim, apesar disso acontecer diariamente e causar incômodo (dor emocional), a situação não pode ser considerada bullying.

- Uma briga eventual não pode ser considerada bullying, pois não é repetitiva.

- Digamos que um aluno use um termo preconceituoso ou palavrão para xingar outro. Trata-se de uma agressão, mas, se não for repetitiva, não será bullying.

- Um aluno derruba acidentalmente outro pela terceira vez na aula de handebol. Apesar de ser frequente e de causar dor, essa ação não é intencional e, portanto, não pode ser considerada bullying.

- Todo dia, um grupo de alunos chama uma menina de "magricela". Ela ri, pois se reconhece assim e gosta de ser magra. Essa ação não pode ser enquadrada como bullying, pois a garota não se incomoda e não sente "dor emocional" pela atitude dos alunos. Entretanto, se ela pedir para que eles parem com a atitude, isso significa que está incomodada. Se o grupo continuar com as provocações, a ação configurará bullying.

- Um menino, todas as vezes que vê determinada menina, "joga" um beijinho para ela, que odeia o gesto. Nesse caso, o comportamento do menino é sistemático (todas as vezes que encontra a menina, ele faz o mesmo gesto), intencional (o menino faz o gesto porque deseja fazê-lo) e causa dor emocional à vítima. Diante dessas evidências, você deve estar se perguntando se a situação configura bullying, não é mesmo? A resposta é "não". Isso porque, apesar de o menino ter uma intenção com o gesto, ele não deseja causar dor à garota. No entanto, assim que esta confessar a ele que não está gostando da atitude, o garoto deverá parar com o gesto. Se, todavia, a situação não mudar, ela configurará bullying. Resumindo: se um comportamento tiver apenas uma ou duas das três características, não poderá ser considerado bullying, mas deve ser corrigido e evitado por não ser ético e moralmente aceitável. Para que determinado comportamento seja considerado bullying, obrigatoriamente as três características citadas devem estar presentes.

- Imagine que algumas crianças da educação infantil estão brigando para delimitarem espaço, marcar território. Ao agirem de maneira rude, esses alunos não desejam machucar os colegas. O que eles querem é impedir que outras crianças invadam o espaço deles e "peguem" seus brinquedos.

Conforme vimos no primeiro capítulo, as crianças precisam desenvolver a combatividade. A agressividade saudável é uma postura proativa que visa à resolução de problemas. No entanto, a forma como a criança a pratica é imatura, pois ela emprega a violência, entendida por meio de gestos como mordidas, tapas, empurrões etc. A princípio, essa maneira de agir não significa que a criança seja má, pois isso faz parte do desenvolvimento da sua maturidade e saúde psicológica. O que os pais e professores precisam fazer é utilizar toda essa energia de forma construtiva, ensinando a criança a se defender sem agredir aos outros.

Isso se faz por meio da palavra, já que a criança precisa aprender a falar que não gostou de algo ou que não quer isso ou aquilo – ou seja, ela deve expressar sua opinião. Logicamente, tudo isso deve ser feito por meio da linguagem que ela conhece.

O que realmente é bullying?

Por exemplo: "Não, não vou deixar você pegar esse carrinho. Você já brincou muito e eu só o peguei agora"; "Pare! Isso é meu, não teu."; "Agora é a minha vez!" etc.

Se os pais negarem à criança a combatividade, ela ficará apática, à mercê da vontade dos outros e passiva, sempre esperando que alguém resolva tudo por ela. A criança sem combatividade vira uma "maria vai com as outras".

No ensino fundamental, é comum a formação de panelinhas, que são pequenos grupos de amigos que gostam de compartilhar pequenas vitórias ou fracassos e outras intimidades. Tais grupos, a princípio, não objetivam a exclusão de pessoas, muito menos a perseguição a elas. No entanto, por suas próprias características, eles não admitem a entrada de outros "membros". Essa exclusão pode parecer intencional, mas não é, já que os indivíduos se agrupam considerando os interesses em comum. Apesar disso, os grupos acabam promovendo o bullying com facilidade e bastante frequência. Sendo assim, é preciso orientar as crianças para que isso não aconteça.

Dan Olweus (1993) só considera *bullying* a agressão que se dá entre pares, o que é aceito pela maioria dos pesquisadores. No Brasil, importantes autores, como Cleo Fante e a dupla Tognetta e Vinha, também sinalizam na mesma direção. Propomos, entretanto, uma ampliação dessa abrangência, a fim de que o fenômeno possa ser reconhecido também quando ocorrer entre sujeitos de níveis hierárquicos diferentes, como entre pai e filho, chefe e funcionário, professor e aluno ou vice-versa. A nossa proposta se justifica pela própria definição do que é bullying (sendo o desequilíbrio de poder mencionado como um dos fatores que caracterizam esse fenômeno).

dois.três

Possíveis causas

Apesar da ausência de pesquisas que fundamentem as causas do aumento da prática do bullying, queremos propor algumas considerações reflexivas que julgamos importante compartilhar. Uma delas é a banalização da violência, principalmente nos meios de comunicação, algo que acaba dessensibilizando nossos adolescentes para cenas de agressão contra seres humanos. É como se tanta exposição tirasse um pouco da nossa indignação ou repulsa e isso nos assustasse menos. Por isso, findamos aceitando que isso possa fazer parte dos ambientes que frequentamos.

Além da violência, a mídia transmite constantemente – por meio de comerciais e programas diversos – a mensagem de que aquilo que possuímos é mais importante do que o que somos (ou seja, o "ter" é enfatizado em detrimento do "ser"). Meninas e meninos crescem ouvindo frases como "eu tenho, você não tem!", "se você dirige um carro X, você fez por merecer" e tantas outras. Trata-se de uma verdadeira avalanche de "recados" às nossas crianças, que acreditam, por exemplo, que só serão mulheres e homens lindos se forem parecidos com determinados modelos. Diante disso, se as crianças não tiverem o mesmo corpo que esses(as) modelos ou o automóvel que desejam, poderão se transformar em jovens e adultos frustrados consigo mesmos.

A falta de valores como respeito, solidariedade, tolerância e gentileza tem se tornado bastante perceptível, seja no trânsito das grandes cidades, seja numa conversa entre um grupo de adolescentes. Os limites que havia praticamente não existem mais. Ser "descolado" significa infringir as leis, e a "esperteza" tem superado crescentemente a honestidade. Basta devolver uma nota de dinheiro encontrada no chão ou alguns centavos de troco recebidos a mais para que uma pessoa seja tachada de "trouxa". Essa falta de princípios e valores, ou a inversão destes, reverbera diretamente nas relações interpessoais e permite a percepção equivocada de que uma pessoa "não vale nada" caso não atenda aos padrões incorporados e aceitos por determinado grupo.

Além disso, em nossa sociedade, a competição tem sido cada vez mais valorizada e incentivada como fator de sucesso. Ser um vencedor é ter a qualidade que torna uma pessoa "mais valiosa" para uma empresa, um grupo ou uma instituição. Isso acaba prejudicando a imagem que temos de todos aqueles que não venceram ou que simplesmente não valorizam a necessidade de vencer a todo custo. Já nos primeiros anos escolares, somos incentivados a sermos melhores que nossos colegas e a continuamos nossas vidas numa busca desenfreada pela superação do outro.

Logicamente, o ato de competir nos impele à autossuperação – e isso é bom. Porém, quando nos obcecamos por posições de destaque em todas as áreas de nossas vidas, isso pode se tornar um problema. Crianças que são incentivadas em excesso a terem essa visão competitiva não toleram que os outros se saiam melhor que elas em nada; caso isso aconteça, essas crianças excessivamente competitivas podem vir a agredir seus "concorrentes" a fim de recuperar sua "posição".

A intolerância à diferença e à frustração apresenta-se também como uma possível causa do bullying. Atualmente, a infância é quase "idolatrada". Frequentemente, vemos pais cometendo sacrifícios quase inimagináveis para que seus filhos recebam os melhores privilégios em termos de lazer, conforto e estudos. Esses filhos representam, muitas vezes, o centro da vida familiar – ou seja, tudo acaba girando em torno dessas crianças, que vêm a se tornar pequenos tiranos, ditando regras e comandos apesar de ainda usarem fraldas!

Isso acontece por conta da fragilidade da figura de autoridade dos pais – que são demasiadamente permissivos em muitos casos –, o que finda impedindo que seus filhos vivam a tão importante experiência da frustração. Como a vida não nos permite manter nossos rebentos em uma bolha protetora, mais cedo ou mais tarde eles se depararão com alguns "nãos" e poderão reagir de forma extremamente negativa. A prática do bullying é um exemplo disso, pois materializa a desobediência aos valores dos pais.

Importantes pesquisas têm evidenciado o bullying também como um problema moral, em que a falta de sensibilidade moral do agressor faz com que ele tenha dificuldade de se colocar no lugar do outro e perceber a dor deste (Tognetta, 2005).

Todos esses aspectos influenciam direta ou indiretamente a propagação do bullying entre nossas crianças e adolescentes. Tão importante quanto conhecer as possíveis causas desse fenômeno é combatê-las. Para isso, apontaremos uma série de estratégias nos próximos capítulos.

capítulo três

Tipos de bullying e o perfil dos envolvidos

Tipos de bullying e o perfil dos envolvidos

Podemos classificar o bullying em dois tipos: o direto e o indireto.

> No bullying **direto**, há a identificação do autor dos insultos ou das agressões. Isto é, o agressor pratica a ação de forma direta, seja ela física, verbal, moral, sexual, psicológica, material ou virtual. A vítima sabe identificar exatamente quem cometeu o bullying.
>
> No bullying **indireto**, a ação é realizada por outras pessoas que não o mentor das agressões. Este pede para uma criança intimidar, espalhar fofocas, provocar, agredir fisicamente, humilhar e excluir outra de determinadas atividades, entre outras ações.

É dentro da modalidade de bullying indireto que ocorre o cyberbullying. Essa prática é muito comum entre adolescentes, uma vez que o meio virtual possibilita certa facilidade de se ocultar identidades e porque, mesmo quando estas são expostas, as agressões não ocorrem presencialmente. Assim como acontece no bullying tradicional, no cyberbullying há a intencionalidade do agressor e o desequilíbrio de poder, bem como a promoção de dor psicológica e a repetição.

Acobertado pela tela do computador ou do telefone celular, o agressor ofende e difama a vítima sob uma identidade falsa, contando com a comodidade de fazê-lo em casa e em absoluto anonimato. O cyberbullying se dá por meio de ofensas públicas escritas ou imagens depreciativas postadas nas redes sociais, bem como pelo envio de *e-mails* e mensagens SMS. Muitas vezes, as referidas imagens são alteradas, havendo a

Tipos de bullying e o perfil dos envolvidos

inserção de elementos que não estavam na fotografia real, a fim de ridicularizar a vítima.

Nesse sentido, o principal problema do cyberbullying é o fato de a rede mundial de computadores ter dimensões incomensuráveis, possibilitando o alcance de um número muito maior de espectadores em relação à modalidade tradicional de bullying. Em poucos segundos, uma foto constrangedora postada em qualquer lugar do mundo pode percorrer milhares de computadores, sendo vista por uma verdadeira multidão de usuários antes que a própria vítima se dê conta disso.

Outra forma de manifestação do cyberbullying é a invasão da conta de *e-mail* ou das redes sociais por parte do agressor, que, por sua vez, se utiliza da identidade da vítima para enviar mensagens e imagens embaraçosas e comprometedoras.

Segundo Olweus (2013a), algumas características do cyberbullying são bastante peculiares, o que o diferencia do bullying tradicional. A primeira é a possibilidade da ação gerar uma alta carga de estresse na vítima devido à busca permanente pela identidade do agressor. Além disso, há a possibilidade da vítima se tornar obcecada por essa descoberta, o que desencadearia um comportamento persecutório, no qual todos virariam suspeitos em potencial. A criança, jovem ou adolescente passa a olhar para seus amigos desprovido da ingenuidade e receptividade que antes possuía, podendo, até mesmo de forma inconsciente, se afastar de todos à sua volta, isolando-se.

Outra importante característica do cyberbullying é a acessibilidade. Ao contrário do bullying tradicional, em que as crianças convivem por um período predeterminado de tempo, na internet não há limites temporais ou espaciais. É possível agredir alguém mesmo sem estar fisicamente próximo à pessoa em questão.

O medo da vítima diante das possíveis punições por parte dos pais ou responsáveis é outra característica que envolve o cyberbullying, uma vez que, a fim de protegerem os filhos, os pais ou responsáveis impedem o acesso das crianças e dos jovens às tecnologias, proibindo o uso da internet e recolhendo seus equipamentos eletrônicos (como celulares, *tablets* etc.).

Por fim, Olweus (1993) cita a desinibição como outra característica do cyberbullying. Percebe-se que, no dia a dia, grande parte dos agressores cibernéticos jamais teria coragem de demonstrar determinados comportamentos se estivessem face a face com as vítimas, sendo esta, inclusive, a razão principal pela qual elegem a agressão cibernética.

Todas essas características estão associadas ao mau uso dos avanços tecnológicos, que tanto contribuem para o desenvolvimento humano quando bem utilizados. Nesse contexto, a internet, especificamente, tem sido utilizada, de maneira geral, sem a orientação adequada quanto às suas implicações éticas e legais.

Atualmente, todavia, a identificação dos agressores que utilizam essas ferramentas de maneira imoral tornou-se mais ágil, assim como a própria punição dos culpados. Não são poucos os processos abertos contra agressores virtuais desde que a justiça brasileira passou a aceitar a cópia da página da internet na qual

Tipos de bullying e o perfil dos envolvidos

se deu a agressão como prova criminal. Para tanto, a família da vítima precisa ir até um cartório e solicitar ao tabelião uma ata notarial[i]. Além disso, as operadoras de telefonia passaram a identificar seus clientes com endereços e documentos pessoais, possibilitando, assim, a fácil localização do local de onde foram enviadas mensagens de agressão.

Vale salientar que uma criança ou adolescente que está sofrendo cyberbullying não está livre de vivenciar situações dessa natureza fora do mundo virtual. Há casos em que o agressor utiliza-se das duas modalidades (cyberbullying e bullying) para oprimir a vítima, potencializando o nível de estresse desta.

três.um

Perfil dos envolvidos no bullying

Para que se possa ajudar de fato os envolvidos nas ações de bullying, é preciso conhecer os perfis psicológicos dessas pessoas. Sendo assim, adotamos o modelo sugerido por Olweus (2013b), denominado Círculo do bullying (em inglês, *The bullying circle*). Vale mencionar que, aqui, trataremos apenas do bullying ocorrido nas escolas.

> **Agressores diretos**
> Esses estudantes dão início às agressões, exercendo o papel de líderes.

---

i   Para saber mais, acesse a seguinte matéria: <http://g1.globo.com/sao-paulo/noticia/2011/04/documento-feito-em-cartorio-pode-ser-prova-em-casos-de-bullying.html>.

Seguidores

Embora não iniciem ou encabecem a agressão, aprovam o comportamento do líder e têm relação com os atos de bullying.

Apoiadores ou agressores passivos

Apoiam abertamente os agressores diretos, seja rindo da vítima, seja chamando outras pessoas para assistirem aos atos de bullying. Apesar dessa posição partidária, não executam as agressões.

Apoiadores passivos ou possíveis agressores

São os que aprovam as ações de bullying, mas não externalizam seu apoio.

Espectadores desengajados

Esses estudantes não tomam uma posição nem participam ativamente das agressões. São os considerados "em cima do muro", que compartilham da opinião de que "isso não é problema meu".

Possíveis defensores

Desaprovam os atos de bullying e desejam ajudar a vítima a sair da situação de humilhação e medo em que ela se encontra. Entretanto, não efetivam nenhuma ação de auxílio.

Defensores

Os defensores são os que, além de desaprovarem o bullying, agem para tentar ajudar a vítima.

Fonte: Adaptado de Olweus Bullying..., 2013b.

Tipos de bullying e o perfil dos envolvidos

três.dois
Perfil das vítimas

Olweus (2013a) alega que as crianças e adolescentes vitimados têm um perfil mais inseguro e são mais ansiosos do que o normal. Além disso, têm uma tendência à timidez e à hipersensibilidade, correm o risco de ser demasiadamente cuidadosos e têm dificuldades em relação à autoimagem, devido à visão negativa que possuem de si mesmos (veem-se como estúpidos e pouco atraentes).

Normalmente, as vítimas de bullying não fazem muitas amizades na escola e frequentemente choram e/ou fogem quando diante de agressões, por se sentirem envergonhadas perante os colegas.

Olweus (1993) relata ainda que, em seus estudos, constatou uma estreita relação entre os meninos vítimas de bullying e suas mães, o que sugere indícios de superproteção. Isso mostra que as crianças superprotegidas têm maior probabilidade de sofrer bullying. Apesar disso, não se pode afirmar algo mais generalista, ou seja, nem toda vítima de bullying é, necessariamente, superprotegida pelos pais. O depoimento de Alessandra Garcia, mais adiante, trata justamente da ausência de proteção.

Fante e Pedra (2008) acrescentam ao perfil das vítimas características como passividade e submissão. Além disso, elas possuem, na maioria das vezes, um aspecto físico frágil, dificuldades de autodefesa e de expressão e pertencem a grupos com características específicas (de cunho religioso, étnico, sexual etc.).

capítulo quatro

O bullying e a lei

O bullying e a lei

O bullying é proibido pela Constituição Federal de 1988. O artigo 5º diz o seguinte:

> Todos são iguais perante a lei, sem distinção de qualquer natureza, garantindo-se aos brasileiros e aos estrangeiros residentes no País a inviolabilidade do direito à vida, à liberdade, à igualdade, à segurança e à propriedade, nos termos seguintes:
>
> [...]
>
> X – são invioláveis a intimidade, a vida privada, a honra e a imagem das pessoas, assegurado o direito à indenização pelo dano material ou moral decorrente de sua violação;
>
> [...]
>
> XLI – a lei punirá qualquer discriminação atentatória dos direitos e liberdades fundamentais; (Brasil, 1988)

Com base nesses incisos do artigo 5º, a justiça brasileira já tem condenado escolas, universidades, agressores ou pais de menores agressores em casos de bullying. Além da Constituição Federal, o Brasil dispõe dos códigos Civil, Penal e do Consumidor, somadas a uma série de outras leis que protegem o cidadão contra o assédio moral, as agressões físicas ou psicológicas e os danos provenientes de atitudes discriminatórias. Além disso, vários municípios e estados já estabeleceram uma legislação antibullying própria. Para conferir o trabalho da justiça brasileira nesse sentido, você pode consultar facilmente o registro de casos de bullying por meio das notícias veiculadas na internet.

Salientamos que o nosso interesse não é incentivar as vítimas ou seus pais a buscarem seus direitos por meio de processos judiciais, que muitas vezes são demorados e apresentam resultados práticos praticamente nulos, mas, sim, alertar para a corresponsabilidade tanto dos pais quanto da escola em relação aos casos de bullying. Sendo assim, o nosso objetivo com esta obra é ajudar as vítimas de bullying e seus pais (tanto quanto os agressores e seus pais), a terem uma visão mais madura e clara sobre a responsabilidade de cada um nas agressões.

Os pais não podem alegar que não sabiam que o filho estava praticando bullying, já que, perante a lei, eles são **obrigados a supervisioná-lo**.

Entendemos que os objetivos da escola e dos pais são praticamente os mesmos: educar suas crianças, ensinando-lhes valores e princípios, transmitindo conhecimentos curriculares e modelos de comportamentos adequados diante de situações diversas. A escola deseja isso; os pais, também. Assim, a princípio não deveria haver ações judiciais de uma parte contra a outra. No entanto, nós sabemos que a realidade não é tão simples, certo? Há escolas omissas e pais negligentes. Além disso, há alunos que simplesmente não respeitam seus colegas. Caso o diálogo não resolva, há a opção de se recorrer à justiça. Por isso, precisamos saber como ela funciona, mesmo que de maneira básica.

A Constituição Federal estabelece direitos, e o Código Civil obriga o agressor ou seus responsáveis a indenizar os danos causados à vítima. De acordo com o professor Lélio Calhau (2010), em sua obra *Bullying: o que você precisa saber*, o valor da indenização será determinado pelo Poder Judiciário, o qual

O bullying e a lei

levará em consideração somente as provas constituídas pelas partes envolvidas. Por isso, é fundamental que a vítima ou seus responsáveis registrem provas das ações de bullying sofridas. Testemunhos, vídeos, fotos, cópias de páginas da internet etc. deverão ser anexados.

Toque a +

De acordo com Manica (2013, p. 8), "ata notarial é a narração circunstanciada de fatos presenciados ou verificados pelo notário ou pelo substituto legal do mesmo, convocado para sua lavratura".

Segundo Fante e Pedra (2008, p. 73), é "preciso registrar as provas que estejam *on-line* em cartório e fazer uma declaração de fé pública, para provar que o crime existiu. Pode-se também lavrar uma ata notarial do conteúdo." Trata-se de um documento produzido pelo cartório após o acesso às páginas denunciadas pelo requerente.

Diante de casos de bullying, a escola é corresponsável. O Código de Defesa do Consumidor afirma que uma prestadora de serviços (a escola, no caso) é responsável legal pela qualidade do serviço prestado e por tudo o que acontece dentro de suas dependências. Não há como a escola tentar se eximir alegando que "avisou aos alunos que práticas de bullying são proibidas". Não basta avisar: é necessário coibir. Há várias decisões judiciais que obrigaram escolas e universidades a indenizar vítimas de ações de bullying praticadas em suas dependências ou até mesmo fora delas, pois foi comprovada a extensão dos atos.

Considerando tudo isso, uma instituição escolar não pode simplesmente esperar que um caso de bullying aconteça para poder agir por meio de punições, reuniões com pais ou "lições de moral" nas salas de aula. A escola precisa ser proativa e atuar de forma que atos de bullying jamais aconteçam. Escolas são instituições educativas, e não punitivas. Cadeias e presídios punem, escolas educam.

Também não acreditamos que a assinatura de um "seguro antibullying" seja a melhor saída para uma escola, pois essa opção destina-se exclusivamente à cobertura de um possível prejuízo financeiro caso a escola seja processada pelos pais dos alunos envolvidos em episódios de bullying. Trata-se de uma estratégia ineficaz, já que o prejuízo financeiro é apenas um dos vários prejuízos que o bullying traz a uma instituição de ensino; o seguro não garante que as agressões cessarão.

Fica a dica

Desde o início, procure as orientações de um **advogado** para que suas ações não acabem atrapalhando ou até mesmo anulando a possibilidade de uma vitória judicial. Há casos em que os pais agem tão intempestivamente para garantir a proteção do filho vitimado que acabam cometendo infrações. Nessas situações, a possibilidade de eles vencerem a ação judicial corre o risco de ser reduzida.

A melhor saída é sempre educar, acreditar na transformação do ser humano e incentivar a construção da paz. Os seguros antibullying até podem ser contratados nos casos em que as escolas agem proativamente para a erradicação dessa prática imoral. Acreditamos que admitir a contratação de um seguro contra ações na justiça devido a casos de bullying como única ação preventiva, é o mesmo que aceitar a ocorrência dessa prática no ambiente escolar. A escola não pode aceitar essa possibilidade. Ela deve vigiar constantemente seus alunos e construir um ambiente voltado à paz. Além disso, alunos, pais, funcionários e professores devem ser orientados para detectarem

O bullying e a lei

atitudes agressivas e dar o melhor encaminhamento a cada caso. A prevenção deve ser, portanto, o objetivo das escolas.

Desejamos que as escolas e famílias sejam proativas no combate ao bullying e que busquem ações conjuntas para que isso ocorra, considerando a justiça como última alternativa, caso haja desrespeito aos direitos da criança e omissão por parte da escola ou dos responsáveis pelo agressor. Um processo na justiça pode demorar de 5 a 8 anos para ser concluído; durante todo esse período, a criança ou seus pais podem relembrar com frequência os fatos tristes que originaram o processo, bem como alimentar expectativas equivocadas a respeito da decisão final. Talvez não haja ganho emocional algum, apesar da indenização financeira que possa ser alcançada. Dessa maneira, a decisão de se "entrar" com um processo na justiça requer reflexão e maturidade.

Fica a dica

Se o bullying ocorrer com nosso(s) filho(s), o que deveremos fazer? Em primeiro lugar, não reaja de forma imediata, mas, sim, calculadamente. Procure a equipe diretiva da escola e, caso seja necessário, busque a ajuda e a orientação de um advogado. Só ele está por dentro das atitudes a serem tomadas juntamente com a escola para garantir que os direitos da(s) vítima(s) sejam assegurados. Além disso, só esse profissional poderá dizer o que pode ou não constituir prova.

E quando os próprios pais são agressores da criança? O que a direção da escola deve fazer nesse caso? Em primeiro lugar, ela precisa acionar o Conselho Tutelar, que irá até a casa da criança e fará o possível para interromper os maus-tratos.

Se as ações corretivas não surtirem efeito, a escola deverá comunicar o Ministério Público ou a polícia a respeito das suspeitas ou da confirmação de agressões. O que a escola não pode fazer é se omitir, ficar em silêncio.

Entretanto, a ação deve ser cuidadosa. Segundo Fante e Pedra (2008, p. 126), "em hipótese alguma se deve falar aos pais sobre as suspeitas, pois a criança poderá sofrer represálias ou ser retirada da escola".

Se a escola souber que a criança sofre maus-tratos por parte dos pais e não os denunciar, poderá responder legalmente por essa omissão, que constitui infração administrativa grave. O Estatuto da Criança e do Adolescente (ECA), em seu artigo 245, determina como infração:

> Art. 245. Deixar o médico, professor ou responsável por estabelecimento de atenção à saúde e de ensino fundamental, pré-escola ou creche, de comunicar à autoridade competente os casos de que tenha conhecimento, envolvendo suspeita ou confirmação de maus-tratos contra criança ou adolescente. (Brasil, 1990)

Portanto, uma lei federal obriga a escola a agir de forma que cesse a violência aos seus alunos. Já há, inclusive, jurisprudência a esse respeito (escolas condenadas a indenizarem vítimas de bullying). Os responsáveis legalmente pela escola podem até mesmo ser detidos em casos

Toque a +

Se você quiser obter mais informações sobre detalhes jurídicos envolvendo o bullying em escolas ou empresas, recomendamos a leitura do livro *Bullying: o que você precisa saber. Identificação, prevenção e repressão*", de Lélio Braga Calhau, que tem autoridade para explorar o tema, advinda de sua atuação como promotor de Justiça, mestre em Direito e professor de Criminologia e Direito Penal. Sua obra aborda o bullying não somente do ponto de vista jurídico, mas também por meio de outras perspectivas.

 O bullying e a lei

extremos. Essa é uma razão adicional para que o trabalho de prevenção e erradicação do bullying nas escolas seja tomado com seriedade e responsabilidade não só por seus proprietários, mas por toda a equipe de profissionais envolvida.

 Para saber mais sobre as **implicações legais** do bullying, acesse o seguinte *link*: <www.conjur.com.br/2011-jun-09/coluna-lfg-justica-tende-responsabilizar-escolas-bullying>.

capítulo cinco

Sintomas da vítima

Sintomas da vítima

Nem toda carinha triste é sinal de bullying. Ao chegar em casa, o seu filho pode estar apenas cansado ou triste por algum fato específico – não necessariamente estar passando por uma situação sistemática. A fim de esclarecermos melhor em que consiste o bullying, vamos apresentar seus sinais mais comuns.

Crianças caem e se machucam com frequência durante a vida escolar. Nem todo arranhão é necessariamente um sinal de bullying; a perda de apetite pode ser apenas a indicação de uma gripe. O que queremos dizer é que machucados, pequenas tristezas, danos a pertences pessoais, objetos desaparecidos, desculpas para não ir à aula e desentendimentos com coleguinhas costumam ocorrer durante a vida escolar de qualquer criança saudável, desde que eventualmente. Tomemos cuidado para não enxergar problemas onde não existem e não sair por aí rotulando os eventos naturais da vida de nossos filhos como problemáticos!

Ao fazermos isso, caímos na tentadora armadilha da superproteção, já que tentamos poupar nossos pequenos do mundo e de suas crueldades. É óbvio que, como pais, os amamos e lhes desejamos sempre o melhor. Entretanto, ao privá-los de certas experiências (inclusive as mais árduas), estaremos aumentando de forma gritante as chances de sofrimento no futuro.

Pais superprotetores geram em seus filhos a falsa sensação de que estarão eternamente disponíveis quando estes precisarem. O problema é que ninguém é eterno. Em poucos meses de vida de nossos filhos, já não somos capazes de acompanhá-los 24 horas por dia. A mãe volta ao trabalho após a licença-maternidade, enquanto o pai, em geral, está o dia todo fora desde a segunda semana de vida da criança. Logo, esta irá para a escola, local em que a figura adulta (o equivalente da mãe, que era exclusivamente da criança, ou, no máximo, dividida entre os irmãos) será, de uma hora para outra, de "propriedade" coletiva. Ou seja, serão várias crianças sob os cuidados e a orientação de uma mesma pessoa: a professora. A vida da criança será marcada por uma escala de desafios em termos de autonomia, sem o costumeiro aconchego e a compreensão que ela tinha antes em casa.

A palavra *autonomia* merece, aqui, atenção especial: sua etimologia traz o prefixo *auto*, referente a "si mesmo", e o termo *nomia*, que significa "norma, regra". Ao dizermos, então, que uma criança desenvolveu sua autonomia, queremos dizer que ela é capaz de se autorregular diante das situações da vida. Ela sabe, por exemplo, que mexer no fogão é perigoso, mesmo que não haja nenhum adulto por perto dizendo "não faça isso!".

Numa perspectiva jovem-adulta, o adolescente deve saber, por exemplo, que, embora seu chefe de estágio não esteja sendo justo, ele não pode desacatá-lo. O que o adolescente deve fazer nessa situação é dizer ao chefe, de forma adequada, o que pensa, defendendo seu ponto de vista e se posicionando. Ora, basta conversarmos com alguns executivos ou coordenadores de cursos superiores para ouvirmos relatos de pais que vão até eles para tirar satisfações por situações adversas vividas por seus filhos adultos!

Se você está balançando negativamente a cabeça neste momento, achando improvável que isso aconteça com você, tome cuidado. Precisamos amar nossos filhos, mas também devemos prepará-los para um mundo que não costuma ser tão amoroso quanto nós. Parece-nos que crianças superprotegidas não têm coragem para se posicionar assertivamente, podendo se tornar

Sintomas da vítima

adultos inseguros, sempre à busca de alguém que assuma as suas responsabilidades.

Passemos agora à listagem dos sintomas apresentados pela vítima de bullying.

cinco.um
Em casa

Perceber as variações de comportamento das crianças é essencial para detectar os sinais do bullying. Por isso, mencionamos a seguir alguns desses sinais:

- Dores de cabeça frequentes antes de ir para a aula;
- Sono agitado, com pesadelos e sonambulismo;
- Enurese noturna (urinar na cama);
- Irritabilidade constante, principalmente se a vítima estiver na adolescência;
- Queixas sem sentido, como dor nos dentes, sendo que estes acabaram de ser tratados;

Crédito: © Jörg Lantelme/Fotolia

- Retração e isolamento a fim de evitar compartilhar o sofrimento com os pais ou irmãos;
- Retorno frequente da escola com peças do uniforme rasgadas e com os materiais escolares danificados;
- Cortes, arranhões ou marcas frequentes no corpo;
- Medo (durante o caminho para a escola ou em atividades extracurriculares);
- Recusa de ir até a escola;
- Desejo de levar muito dinheiro para a escola, pois é possível que a vítima esteja sendo obrigada a comprar lanches e guloseimas para o agressor ou o faça na tentativa de livrar-se do sofrimento. (Aqui cabe uma observação: Não estamos, com isso, afirmando que, por desejar levar mais dinheiro à escola, a criança esteja sofrendo bullying. Essa é apenas uma das características indicativas de que as agressões possam estar ocorrendo. Muitas vezes, a atitude de querer levar mais dinheiro à escola pode ser ocasionada apenas pelo desejo da criança de comprar algo diferente para o lanche ou mostrar que tem dinheiro aos colegas. Não podemos generalizar!);
- Tristeza e mau humor após o retorno da escola;
- Dores físicas (de cabeça, de estômago, musculares etc.);

Crédito: Leah-Anne Thompson/Shutterstock

Crédito: Gladskikh Tatiana/Shutterstock

- Repentina perda ou aumento do apetite;
- Alto nível de ansiedade no dia a dia;
- Baixa autoestima, expressada por meio de comentários ou comportamentos autodepreciativos como "nem sou tão bonita assim" ou "sou uma burra mesmo!";
- A criança demonstra ficar chateada durante os momentos em que acessa a internet ou quando recebe mensagens no celular. (Observação: Isso vale em casos de cyberbullying.)

Fique de olho

É importante relembrarmos que, conforme advertimos no Capítulo 3, uma criança que está sofrendo cyberbullying pode também estar sendo vítima do bullying tradicional. Os sinais de uma das modalidades não excluem necessariamente a outra.

cinco.dois
Na escola

- Permanência em locais como a secretaria e a biblioteca durante o recreio, onde há adultos;

- Perda do interesse na realização das atividades escolares, com queda significativa no rendimento;

- O contrário também pode ocorrer: elevação do rendimento escolar. Isso seria consequência dos minutos diários de estudo a mais, já que a criança ou adolescente pode estar se isolando na biblioteca ou permanecendo na sala de aula durante o recreio a fim de buscar refúgio perto de adultos;

Créditos: Angela Waye/Rob Marmion/stefanolunardi/Shutterstock

Sintomas da vítima

- Dificuldade em fazer amigos;
- Apatia em relação às atividades propostas pelo professor, sendo que, em outra época, as mesmas atividades eram bastante atrativas para a criança ou adolescente;
- Exclusão por parte dos colegas.

cinco.três
Consequências

Os ataques de bullying podem desencadear uma série de problemas na criança ou adolescente, além dos sintomas anteriormente apresentados. O elevado nível de estresse ao qual a vítima é submetida durante os constantes episódios de agressão também precisa ser considerado, pois essa é uma alavanca propulsora para outros males de caráter psicossomático. Sendo assim, as dores mencionadas pela criança ou adolescente vítima de bullying podem não ser necessariamente inventadas a fim de evitarem a ida à escola. Elas podem realmente estar ocorrendo, já que, como sabemos, o nosso corpo é altamente influenciado pelo nosso estado emocional.

Entre as patologias possíveis, as mais comuns são diarreias, tonturas, dores no estômago e na cabeça, febre e dores musculares. No entanto, algumas doenças de maior gravidade também podem se manifestar, tais como úlceras, gastrites, anorexia, bulimia, obesidade, alergias e problemas respiratórios em geral. No âmbito da psiquiatria, também não são poucas as consequências possíveis, que incluem transtornos de humor, depressão, ansiedade elevada e fobias. Além disso, há a incidência de problemas psicológicos, como baixa autoestima, insegurança, introversão exacerbada e pensamentos suicidas.

É imprescindível ressaltar que o bullying traz consequências para o desenvolvimento cognitivo da criança e do adolescente, prejudicando sua aprendizagem – principalmente em decorrência da dificuldade de concentração e atenção dirigida, uma vez que a mente da vítima está num estado de estresse constante.

Além disso, a criança sente-se receosa para expressar suas dúvidas e participar ativamente da aula diante da presença do(s) colega(s) agressor(es), sendo intimidada pela ideia de que provavelmente será humilhada se o fizer, imediatamente ou logo após o fim da aula. Outro fator de peso na dificuldade de aprendizagem gerada pelo bullying é o aumento relativo do número de faltas da vítima à escola, levando-a a perder conteúdos e até mesmo avaliações importantes. A escola, um local de socialização e novas descobertas, passa a ser um espaço de constante tormenta emocional e sofrimento físico, podendo levar a criança ou o adolescente a um estágio de completa aversão à instituição.

Na vida adulta, as vítimas de bullying podem ter dificuldade de aceitar novos desafios, como promoções ou o engajamento em novos empreendimentos. Isso porque, devido às recorrentes agressões (especialmente as que envolvem exclusão ou desqualificação), a vítima cresce acreditando ser aquilo que lhe diziam que ela era: burra, incapaz, feia, ridícula, atrapalhada etc., desenvolvendo, assim, uma autoestima e um autoconceito rebaixados.

Dessa forma, a carreira profissional pode ser drasticamente prejudicada não apenas pelo temor diante de novos projetos,

Sintomas da vítima

mas também pelo autoboicote, pela dificuldade na interação com os chefes, pelo excesso de foco na tentativa de se evitar problemas ou pela acuação diante de uma equipe de trabalho ou de clientes.

Já na vida pessoal, uma possível consequência é o desenvolvimento de uma introspecção exagerada, quase que um isolamento social, que, muitas vezes, ocorre de forma inconsciente, sendo manifestado por meio da ausência de vontade de se estar em grupo, ir a eventos ou receber pessoas. Essas atitudes nada mais são que expressões de um mecanismo de defesa psíquica, conforme Freud demonstrou em sua obra. A fim de evitar a dor, a pessoa se torna mais introspectiva. Num gesto de defesa inconsciente, ela crê que está mais segura sozinha, sem se arriscar a viver humilhações semelhantes às que viveu na infância ou na adolescência. Muitas vezes, é necessário que a vítima de bullying recorra a um tratamento terapêutico a fim de reconstruir sua autoimagem, libertando-se dos autoconceitos negativos que lhe foram impostos pelo(s) agressor(es).

Há, entretanto, relatos de adultos que afirmam que o bullying vivido na infância ou na adolescência os ajudou a se transformarem em pessoas fortes, que superam seus limites e conquistam novas coisas. Esse é, na verdade, um grande equívoco, que será devidamente desmitificado no Capítulo 11 (Blá-blá-blás: mitos sobre o bullying).

Antes de encerrarmos este capítulo sobre os sintomas que a vítima de bullying apresenta, gostaríamos de falar também dos espectadores. Alguns autores afirmam que, por assistirem as agressões ou incentivarem o agressor a agir, os espectadores são tão culpados quanto ele. Ousamos pensar diferente, escapando de uma visão tão maquiavélica. Em nossa compreensão, classificar como agressor todo aquele que assiste a uma cena de bullying é banalizar o tema, assim como afirmar que toda e qualquer "briguinha" é bullying.

Todo cuidado deve ser tomado, especialmente pelos educadores (inclusive os pais), para que nossas escolas não incentivem a má intencionalidade dos estudantes. Há, sim, os promotores (e muitas vezes, reprodutores) da violência, mas também há muitas crianças e adolescentes bem intencionados, cheios de boas ideias e atitudes positivas. Situações de conflito cotidianas não podem ser confundidas com bullying.

Considerando essa linha de pensamento, sugerimos, então, uma classificação diferenciada, de acordo com a qual esse espectador pode ser considerado ativo ou passivo.

No primeiro caso, ao incentivar e acobertar as atitudes do agressor, proferindo-lhe palavras de apoio durante a ação ou ajudando-o a não ser descoberto, o espectador seria uma espécie de coagressor (a quem Dan Olweus, 2013b, denomina *apoiador* ou *agressor passivo*). Vale ressaltar, entretanto, que, muitas vezes, esse apoio é obtido de forma persuasiva, por meio de ameaças e manipulação.

Os espectadores passivos – chamados por Olweus (2013b) de *espectadores desengajados* e *possíveis defensores* –, por sua vez, são aqueles pegos de surpresa pela atitude do colega

Toque a

Você sabe qual é a diferença entre **autoestima** e **autoconceito**? As diferenças são sutis, sendo apontadas por alguns autores e negadas por outros. Todavia, elas devem ser levadas em consideração nesta obra. Ao falarmos em **autoconceito**, referimos-nos ao conhecimento que a pessoa tem de si mesma, isto é, à opinião que ela forma sobre si mesma. Com base nesse conceito, ela cria a sua autoimagem, que pode ou não ser estimada, ou seja, benquista por ela – o que permite avaliar sua **autoestima** (França; Montezuma, 1994).

Sintomas da vítima

agressor e que não manifestam desejo algum de apoiá-lo ou de participar do ato em si. São vítimas indiretas, uma vez que essas crianças ou adolescentes que presenciam involuntariamente cenas de agressividade, humilhações e violência provocadas pelo agressor podem também ser influenciados negativamente, apresentando sintomas como insegurança, paranoia (desconfiança excessiva e mal fundamentada), culpa e sentimento de impotência.

Essa ausência de reação por parte dos espectadores passivos é resultado do medo de também se tornarem vítimas ou é devido a simplesmente não saberem exatamente como agir diante de tal situação. Além disso, eles podem apresentar o receio de serem tachados como os "amigos da vítima", geralmente considerados "bobões" e "fracotes".

#?@*!

capítulo seis

Sintomas do agressor

#?@•! Sintomas do agressor

Não são só as vítimas que apresentam sintomas importantes. O agressor também pode dar sinais de que algo não vai bem – e de que ele precisa de ajuda. Se estivermos atentos a fim de percebermos tais pedidos de socorro, será possível antecipar situações, diminuindo significativamente o sofrimento de milhares de crianças e adolescentes, além de evitarmos maiores problemas. Expulsá-los de suas escolas não trará nada além da mudança geográfica do problema (uma vez que, provavelmente, eles farão outras vítimas na nova escola) e puni-los severamente em casa apenas os tornará mais hostis.

O comportamento do agressor ou do grupo de agressores não pode ser visto de forma isolada. Não se resolve um problema dessa complexidade transferindo os agressores de escola, pois as agressões podem recomeçar, fazendo novas vítimas. A questão é social, diz respeito a todos. A escola precisa agir de forma proativa. Os agressores, vale mencionar, também se encontram fragilizados diante das possibilidades futuras de cidadania, já que é possível que suas atitudes acarretem consequências negativas em diversas áreas de suas vidas – como, por exemplo, saúde, moradia, estudo, alimentação, bem-estar, lazer, amigos, família e convivência social, entre outras.

Crédito: © Laurent Hamels/Fotolia

Confira a seguir os sintomas que o agressor costuma apresentar em casa e no ambiente escolar.

seis.um
Em casa

- Gosto por brincadeiras violentas;
- Interesse por cenas de agressão na televisão ou no cotidiano;
- Maus-tratos a animais domésticos;
- Oposição às atitudes e palavras dos pais, irmãos e parentes nas mais diversas situações;
- Intolerância e irritação em relação a frustrações simples do dia a dia;
- Imposição de liderança em brincadeiras ou jogos com os irmãos ou outras crianças devido à sensação de prazer que isso proporciona.

Sintomas do agressor

seis.dois
Na escola

- Brincadeiras com aspectos violentos durante o recreio;

- Insensibilidade em relação à dor do outro, sendo que o agressor é capaz até de ignorar pedidos explícitos de ajuda;

- Imposição de liderança sobre os colegas nas brincadeiras, jogos e trabalhos em grupo devido à sensação de prazer que isso proporciona e à necessidade tácita de dominância;

- Vontade de obter o que se quer o mais rápido possível;

- Agressividade;

- Participação em vandalismos na escola e nos arredores.

Uma importante observação é que nem sempre o agressor manifestará de forma tão clara os sintomas anteriormente descritos, seja na escola, seja em casa. Alguns agressores têm um comportamento acima de qualquer suspeita no trato com os pais e professores, convivendo em perfeita harmonia quando estão com eles; na ausência dessas pessoas é que agem intencionalmente a fim de intimidar seus pares. Esse comportamento dúbio é observado por professores, principalmente entre as meninas que estão entrando na puberdade, que se aproveitam de sua aparente delicadeza para mascarar as intenções, dificultando o diagnóstico do problema. Mais tarde, a distribuição desse comportamento torna-se equitativo entre meninos e meninas.

seis.três
Consequências

É difícil precisar as consequências do bullying para aqueles que o praticaram na infância ou na adolescência, considerando a escassez de pesquisas sólidas sobre o assunto. Há também uma dificuldade na busca por relatos individuais de antigos agressores, talvez devido à vergonha destes em relação a seus comportamentos no passado.

No entanto, com base em alguns casos pontuais atendidos em consultórios psicológicos, podemos comprovar a existência, sob o ponto de vista da psicanálise, de algumas marcas psicológicas, como a dessensibilização emocional. Esses indivíduos, quando adultos, podem sentir-se frios e distantes diante de situações que facilmente emocionariam a maioria das pessoas.

Outra consequência percebida é o surgimento do mecanismo de autopunição, em que o ex-agressor permite que outras pessoas o maltratem a fim de expiar a própria culpa. Seu cônjuge, um amigo mal intencionado, seu chefe ou até mesmo seus filhos podem começar a explorá-lo material, física ou psicologicamente.

Um mecanismo de compensação também pode ser ativado no agressor quando ele entra na fase adulta. Objetivando expiar a culpa que lhe incomoda, o agressor pode chegar a se envolver em projetos sociais, sempre auxiliando os mais fracos – como aqueles que agredia na infância ou adolescência. Obviamente, esse processo compensatório se dá de forma inconsciente, sem que a pessoa se dê conta de que o desejo por agir em prol do outro tem como causa o alívio da culpa que ela carrega.

Sintomas do agressor

Ainda sobre esse tema, podemos citar o estudo longitudinal realizado por Dan Olweus a partir de 1983, no qual se constatou que 60% dos meninos que eram agressores entre o 6° e o 9° anos se envolveram em alguma infração antes de completar 24 anos de idade (Olweus, 1993, p. 36).

capítulo sete

Testemunhos reais

Testemunhos reais

Neste capítulo, abordaremos casos reais de pessoas que sofreram bullying quando crianças e que se dispuseram a relatar suas histórias. Os depoimentos foram recebidos de amigos que atenderam à nossa solicitação em redes sociais e, voluntariamente, aceitaram contribuir narrando suas experiências pessoais. Desde já agradecemos a essas maravilhosas pessoas que tiveram a coragem de se expor.

Após cada depoimento, fizemos alguns comentários visando realçar pontos importantes que poderão ser úteis para você, nosso leitor. Nosso objetivo não é enfatizar o sofrimento, muito menos culpar a família, os amigos ou a escola das vítimas. Nossa intenção é possibilitar o aprendizado por meio da ressignificação das histórias relatadas.

Alessandra Garcia

Sofri muitos tipos de bullying quando criança, sendo que vários deles me marcaram. Sempre fui uma criança muito coagida em casa: meu padrasto era alcóolatra, então a situação era bem difícil. O clima era de tensão e medo o tempo todo, porque, infelizmente, quando estava embriagado, ele fazia uso de violência física e verbal contra mim, minhas irmãs e nossa mãe. Por isso, era muito normal eu aceitar a coação no colégio. Além disso, eu era extremamente magra e meu nariz era grande e curvado, mas isso não dava às pessoas o direito de me humilharem, até porque ninguém imaginava o que eu enfrentava até chegar ao colégio. Por meio de ameaças, apelidos ("Olívia Palito", "pau de virar tripa", "saracura do banhado", "osso do Menguele", "nariz de tucano", entre outros) e outros escárnios, faziam com que eu odiasse meu corpo e minha imagem. Numa situação em especial, agi violentamente, depois de 4 anos de apelidos indesejados e maldosos, que faziam com que eu me sentisse infeliz. O rapaz que criava meus apelidos, e que nunca me deixava em paz, foi até a mesa do professor e disse que eu havia lhe pedido "cola" durante determinada prova. O professor veio até a minha mesa para confiscar a minha prova e estava disposto a me expulsar da sala quando observou que, ao contrário da avaliação do rapaz que me "denunciou", a minha estava completa. Quando o professor perguntou a ele o porquê da mentira, eu, que já estava passando por uma situação triste e difícil em casa, me levantei e "grudei" literalmente nas orelhas do rapaz, descarregando 4 anos de tristeza, raiva e insegurança. Foi uma situação muito triste. Quando recobrei a razão, havia sangue em minhas mãos, e o rapaz precisou realizar uma cirurgia reparadora nas duas orelhas. Não tenho orgulho do que fiz, pois nunca quis machucar ninguém, mas eu vivia chorando e implorando que parassem de tirar sarro de mim, pois eu não tinha culpa de ser feia ou diferente. Em casa, eu nem podia reclamar, e as coisas só pioraram com a notícia da minha suspensão. Minha mãe queria me tirar do colégio, e ainda por cima bateu em mim na frente dos pais dos meus amigos, pois achava que eu era o problema. Sabe, eu acredito que o rapaz que eu machuquei, mesmo sendo folgado e inconveniente, não se dava conta do que fazia, do quanto todos aqueles anos me atrapalharam, me fizeram ter pesadelos e odiar a mim mesma. Eu tinha dores devido à tristeza que eu sentia, ia sempre triste pra escola e com medo. Ele tinha as "costas quentes", pois era sobrinho da diretora, que não tomava nenhuma providência diante das agressões de bullying. Infelizmente, a maneira que encontrei pra me defender foi a violência, que eu abominava. Essa violência foi um ato de desespero, um pedido de socorro. Tenho medo de imaginar o que poderia ter acontecido se eu tivesse acesso a algum tipo de arma ou instrumento cortante nas mãos. Se a convivência com a minha família fosse diferente, eu poderia ter recebido apoio diante

Testemunhos reais

dos ataques de bullying, e meus pais poderiam ter me defendido de alguma maneira, talvez exigindo uma postura da direção. Porém, não havia espaço nem tempo pra isso. Hoje, quando vejo notícias referentes a esse tipo de agressão – porque o bullying é, com certeza, uma agressão – me revolto. Atualmente, luto contra a balança e, nesta fase da minha vida, sofro discriminação e ouço "gracinhas" porque estou acima do peso. Aprendi a tirar sarro de mim mesma como um mecanismo de defesa, mas me sinto triste porque, honestamente, a sociedade não sabe o que quer; nós viramos marionetes infelizes das pessoas, tachados como "gordos", "magros" ou "diferentes".

Raio X

A Alessandra sofreu muito. Seu relato indica a dor que sentiu e mostra que ainda há resquícios do bullying sofrido, pois ela não gosta de estar acima do peso e se defende por meio de brincadeiras. A princípio, pode parecer que seu problema de peso está bem resolvido, mas a forma como ela se refere ao assunto e sua acusação contra a sociedade revela uma dificuldade de lidar com tudo isso. No caso dela, o bullying prejudicou sua autoestima por meio do aumento da dificuldade de se adquirir um comportamento alimentar adequado. Toda a dor de Alessandra poderia, sim, ter sido menor caso sua família a apoiasse e realçasse seu valor como pessoa, como filha, enfim, como alguém que é amado. Tal como a depoente afirma, se sua família tivesse lhe oferecido apoio, a agressão cometida poderia ter sido evitada.

Por outro lado, depois de tudo que aconteceu, Alessandra evidencia seu crescimento e maturidade como ser humano, pois acredita que o menino que a insultava diariamente não tinha noção da gravidade de suas atitudes. É comum isso acontecer: o agressor não perceber a dimensão do que faz. A direção da escola, os professores e as famílias precisam investir esforços para que os agressores modifiquem suas atitudes e as vítimas voltem a ter paz no ambiente escolar sem que passem a ser vistas como culpadas pelas ações tomadas na escola. No caso relatado, nem a família nem a escola agiram de forma proativa.

Aline Thalita Marques Cordeiro

Meu nome é Aline, tenho 28 anos, 1 metro e 56 centímetros e ainda peso 86 kg mesmo depois de várias dietas e idas à academia. Nasci com o peso de um bebê normal, porém engordei durante a infância. Meu pai sempre achou que o fato de uma criança ser gorda era sinal de saúde, mas mal sabia ele o que me aguardava quando entrei na escola. Foi o começo do meu sofrimento. Ganhei apelidos como "gorducha", "rolha de poço", "baleia", "saco de areia" e muitos outros. Eu era sempre a última a ser escolhida para as brincadeiras. Quando estava na 3ª série do ensino fundamental, fiquei fora de uma brincadeira e mordi até sangrar o dedo de uma coleguinha. Por causa disso, fui parar na sala da diretora, que compreendeu minha situação e pediu à professora que me nomeasse sua assistente. A partir de então, passei a ajudá-la com algumas atividades, como apagar o quadro, buscar o livro de chamada etc. Infelizmente, isso não mudou a minha realidade, pois eu continuava a sofrer com os apelidos que me davam. Quando entrei na adolescência, as coisas pioraram, pois até a minha mãe começou a "pegar no meu pé", dizendo que eu era gorda, que as roupas que eu usava ficavam horríveis em mim, que eu não conseguiria um namorado se não emagrecesse, que rapazes não gostam de moças gordas e que minha barriga era enorme. Ela beliscava minhas "gordurinhas" a ponto de ficarem roxas e dizia que minha irmã, ao contrário de mim, iria fazer sucesso, já que era magrinha e esbelta. Além disso, meu pai e eu começamos a discutir em casa porque ele não

Testemunhos reais

podia me ver comendo que já começava a "zoar". Ele me chamava de "bucha de canhão" e "dinossaura", e chegava a dizer que, gorda como eu estava, a comida que ele comprava não seria suficiente para me sustentar. Eles não viam o mal que me causavam. Toda noite, eu chorava sozinha no meu quarto e a minha vontade era de comer cada vez mais. Além de minha irmã, meus pais usavam a minha prima como exemplo. Diziam o seguinte: "Olha a Tânia, que magrinha, que bonita que ela está". No ensino médio, o meu excesso de peso ficou ainda mais evidente. Todas as minhas amigas eram magras e, quando saíamos, todas arrumavam "paqueras". Quando falavam comigo, os meninos diziam que eu era gorda e que eles não queriam ser vistos com alguém assim. Com 15 anos, eu pesava 70 kg. Como se não bastasse ser comparada com minha irmã e minha prima, minha mãe vivia elogiando uma amiga que eu tinha na época, que possuía um corpo lindo. Por duas vezes tentei me matar. Como mecanismo de defesa, eu era a palhaça da escola. Fingia que levava "na brincadeira" os xingamentos e a "tiração" de sarro, mas, por dentro, eu queria morrer, sumir do mapa. Tentei praticar esportes e até dei uma emagrecida, mas, para meus pais e o resto do colégio, eu continuava sendo uma "gorda pançuda". Quando comecei a trabalhar, me indicaram o Dr. Miguel, um médico especialista em emagrecimento. Nessa época, minha esperança de emagrecer começou a aumentar. Cheguei a emagrecer 10 kg, pois tomava os remédios com muita responsabilidade. No entanto, meu sonho de emagrecer foi interrompido de forma assustadora: meu médico havia sido preso por receitar remédios proibidos no Brasil. Fiquei muito assustada e parei de tomar os medicamentos. Para a minha surpresa, engordei o dobro do que havia perdido e nunca mais consegui emagrecer. Hoje peso 86 kg, sou casada e meu marido diz que me ama do jeito que sou. Mas ainda não consigo me aceitar completamente, pois, na empresa em que trabalho, não existem uniformes em tamanhos grandes, o que me forçou a fazer adaptações para poder usar as vestimentas exigidas. Por incrível que pareça, sou a única gordinha da equipe de trabalho. Também é muito difícil comprar roupas novas, pois, assim que entro nas lojas, as vendedoras me olham "de cima para baixo". Quando vou almoçar em restaurantes, as pessoas observam o meu prato pra ver o quanto a "gordinha" come. Além disso, sou a única gordinha da minha turma de *Jump*. Durante as aulas, percebo que as funcionárias da academia ficam olhando pra mim pra ver se conseguirei fazer os exercícios. Meu marido diz que tem orgulho de mim. O que minha mãe disse uma vez, após eu ter vestido determinada roupa e ter mostrado a ela para ver se havia ficado bom, não sai de minha cabeça: "É claro que não ficou bom. Roupa nenhuma fica bem em gorda", ela respondeu. Até hoje não consigo comprar nenhuma blusa sem me lembrar disso. Às vezes, penso que eu não deveria existir. Me dói dizer isso, mas é verdade. Escrever a minha história de bullying fez com que um filme passasse na minha cabeça e, é claro, não consegui segurar as lágrimas.

Raio X

Não é fácil estar fora dos padrões de beleza instituídos pela mídia. Muito gordo, muito magro, muito alto, muito baixo, enfim, todos esses "muitos" indicam que a pessoa não se enquadra no que estatisticamente é considerado normal. Com isso, o indivíduo que está fora dos padrões torna-se vítima do preconceito. A Aline sofreu e ainda sofre por isso. A família, apesar de não ter tido a intenção de piorar a situação ou de não possuir o perfil maldoso que é característico dos agressores, acabou tornando a vida de Aline ainda mais difícil devido aos comentários negativos que fazia. Seus pais não fazem ideia da dor que causaram com as frases depreciativas que proferiram.

A família de Aline poderia ter anulado o preconceito que a garota

Testemunhos reais

recebeu na escola com frases como: "Não se preocupe filha, você está apenas acima do peso, mas você é linda e inteligente"; "Filha, nós amamos você independentemente de seu peso"; e "Não é sua culpa, isso é provocado pelo seu metabolismo", entre outras. Entretanto, por falta de conhecimento, seus familiares não tiveram essa atitude, e Aline sofreu ainda mais. Ainda hoje, sua autoestima é frágil, pois, além de constatarmos que ela nutre pensamentos destrutivos, como "eu não deveria existir", podemos observar o seu pedido de desculpas quanto aos possíveis erros ortográficos. Ela escreveu lindamente, mas fica insegura quanto à perfeição do texto.

A forma como Aline fala do marido ("meu marido diz que tem orgulho de mim") denota a sua descrença em relação à opinião dele. É como se ela achasse que o marido tivesse o direito de não se orgulhar dela. O conceito que a Aline tem de si mesma é tão negativo que a frase do marido lhe soa como algo improvável, dito apenas para que ela se sinta melhor. Uma autoestima fragilizada, consequência de agressões de bullying, provoca esse tipo de pensamento.

Desejamos que a Aline possa continuar sua caminhada rumo à felicidade, vencendo as dificuldades que apresenta em relação à própria autoestima. Logo, ela poderá dizer "Meu marido tem orgulho de mim", sem o acréscimo de "ele diz que". E, principalmente, "eu tenho orgulho de mim".

Aniele Felizardo Dementovis

Em 1997, eu tinha 13 anos. Até então, eu havia estudado numa escola católica e nunca havia tido problemas sérios. Minhas dificuldades começaram quando passei a estudar numa escola particular perto de minha casa, bastante famosa em Curitiba. Durante um ano inteiro sofri bullying de uma menina que mandava e desmandava na minha turma, sendo que todos a obedeciam porque ela era bonita. Além disso, todos os meninos a adoravam. Essa garota chegou a inventar várias fofocas a meu respeito. Ela me xingava e me batia, mas, quando eu reagia, ela se fazia de coitada, já que eu era maior fisicamente. Levei uma suspensão e cheguei a reprovar de ano. Todos da sala me chamavam de "gorda" e de "burra" por qualquer motivo. Eu sofria muito com isso, chorava, não tinha uma boa autoestima. Odiava ir para a escola, pois ninguém da sala conversava comigo. Eu também não tinha companhia para lanchar no recreio, e meus colegas me chamavam de "burra" e de "gorda" durantes os intervalos. A realização de trabalhos em grupo era um suplício, porque ninguém queria fazer as atividades comigo. Então, os professores acabavam formando os grupos e os alunos tinham de me aceitar. Minha mãe tomou conhecimento disso e, como professora, procurou a direção, mas a escola se absteve de tomar qualquer posição. Devido a isso, minha mãe tomou uma decisão radical: me mudou de colégio no mesmo ano. Nunca mantive contato com ninguém daquela época. 1997, definitivamente, não foi um bom ano para mim. Sofri muito e não desejo isso pra ninguém. Não sou uma pessoa amarga, muito pelo contrário, dei a volta por cima com o apoio da minha família e com a ajuda de 2 anos de terapia. Depois que saí daquela escola, fui muito feliz em minha vida acadêmica e fiz muitos amigos. Hoje, tenho 27 anos, sou advogada, casada e tenho uma filha. Dou graças a Deus pelo fato de que, atualmente, é proibido fazer o que fizeram comigo.

Raio X

Se sofrer bullying já é algo difícil, isso é ainda pior numa escola que foge do compromisso com uma educação de qualidade. Ao saber do sofrimento de uma criança ou adolescente, a escola deve agir imediatamente. Seus responsáveis não podem esperar pela formação adequada dos professores, por palestras para os alunos ou parcerias com as famílias. É preciso evitar a dor da vítima e o prolongamento do sofrimento. Numa escola, podemos ter experiências doloridas, mas as alegres devem ser sempre maiores e mais significativas.

Diferentemente do que foi dito no depoimento anterior, a Aniele recebeu ajuda imediata da família. Isso fez com que ela superasse com maior sucesso a dor que enfrentou. É válido realçar o efeito positivo não só da ajuda dos mais próximos, mas também do processo terapêutico que ela vivenciou. Vale a pena investir em terapia!

Katiuscia de Faveri

Sofri bullying quando criança. Eu tinha aproximadamente 8 anos quando fui estudar numa escola particular, sendo que meus pais trabalhavam e estavam conseguindo pagar as mensalidades. Eu era uma criança normal, se não fossem os óculos de sete graus que eu usava. A lente era muito grossa e ultrapassava a armação, detalhes que faziam com que os alunos maiores da escola e as crianças da rua em que eu morava tirassem sarro de mim. Todos me chamavam de "fundo de garrafa", "quatro olhos", "Chiquinha" e de tantos outros apelidos que nem me lembro. Essas atitudes eram constantes, e eu chorava sozinha, pois sabia que ninguém poderia resolver esse problema, já que eu precisava muito utilizar óculos. Aliás, ainda tenho miopia, astigmatismo e estrabismo. Quando completei 15 anos, comecei a usar lentes de contato e, mais tarde, fiz uma cirurgia para reparar meus problemas oculares. Até hoje tenho trauma de óculos. Só uso quando é realmente necessário, em casa, para que ninguém me veja, pois sinto que todos me olham de maneira diferente. Com isso, no entanto, aprendi a valorizar mais as pessoas.

Raio X

A Katiuscia sofreu com o que muitas crianças sofrem: o preconceito em virtude de alguma deficiência física. O olhar de desprezo e de não aceitação promove a exclusão, e uma pessoa excluída não dispõe de um dos principais sentimentos geradores de bem-estar: o sentimento de pertencimento. Sentir-se bem em um grupo traz um forte sentimento de segurança e de aceitação para a criança ou adolescente, além de ser importante para o desenvolvimento de uma autoestima adequada. É uma grande maldade permitir que uma criança não tenha esses sentimentos, além de ser triste admitir que, em nossa sociedade, haja tantas atitudes preconceituosas, como as que foram relatadas por ela.

Ao confessar que, devido às experiências negativas que vivenciou, aprendeu a valorizar mais as pessoas, Katiuscia prova que é possível dar um sentido positivo aos traumas ocasionados pelo bullying. Embora não revele em seu relato, certamente ela não ressignificou o que viveu sem a ajuda das pessoas que a amavam e que lhe deram todo o suporte necessário.

Luciane Czelusniak Obrzut

Como meus sobrenomes (um, materno; outro, paterno) indicam, sou descendente de poloneses e, quando criança, morava em uma colônia polonesa chamada Tomás Coelho. Porém, estudava em uma escola pública fora desse local. Enquanto a maioria dos meus colegas chegava

Testemunhos reais

à escola em ônibus escolares, com seus tênis branquinhos, eu e meus vizinhos da colônia chegávamos em uma Kombi, que estava sempre suja – empoeirada ou enlameada –, e não raramente chegávamos atrasados porque a dita-cuja encalhava nas estradas de terra quando chovia. Eu e meus colegas, todos loirinhos (depois acabei pintando o cabelo, talvez devido ao trauma pelo qual passei), éramos motivo de chacota das crianças da escola, que me chamavam de "polaca batateira", perguntavam se eu andava de carroça, se tinha comido "broa com banha" e coisas do gênero de maneira pejorativa. Meu pai, na época, era produtor de batatas; sempre me lembro dele vestido de modo simples, com as unhas sujas de terra, mas sorrindo constantemente. Tínhamos uma carroça em casa e realmente minha mãe fazia broa com banha, mas eu não ousava dizer isso na escola. Lembro-me de sentir vergonha disso. Lembro que queria me sentir aceita pelo grupo, queria ser como meus colegas. Mas, por ver que minhas tentativas não davam resultado, resolvi tentar me sentir melhor que eles me dedicando aos estudos. Para proporcionar a mim e à minha irmã uma vida melhor, meus pais passaram a produzir frutas, que vendiam em pacotinhos pequenos nas imediações da escola. O dinheiro dessas vendas nos ajudava no pagamento de nossas passagens de ônibus (eu havia conseguido passar no teste do Colégio Estadual do Paraná e minha irmã fazia faculdade na Universidade Federal do Paraná). Meu pai continua do mesmo jeitinho, morando no mesmo lugar. Eu sou historiadora graduada pela UFPR, pós-graduada, concursada em dois locais diferentes e especializada no estudo da cultura em colônias de etnia polonesa. Consegui superar as chacotas e tenho orgulho de minhas origens, embora não as considere melhor que nenhuma outra. É com pesar que passo pela mesma escola e vejo aqueles antigos colegas, que me consideravam motivo de chacota, presos em suas vidinhas medíocres, sem terem levado os estudos adiante, vivendo da mesma maneira de sempre. Hoje vejo o quanto foi bom eu ter superado o bullying, porque tive uma base emocional muito sólida em casa. Sou professora e procuro passar aos meus alunos valores baseados no respeito ao próximo e às suas diferenças.

Raio X

É impressionante como o preconceito tem efeitos negativos numa pessoa a ponto de ela sentir vergonha de falar sobre o que seus pais faziam, já que isso era motivo de chacota. O sentimento de não aceitação por parte do grupo fazia com que a Luciane buscasse outra forma de se destacar: estudar. Felizmente, sua saída foi positiva, construtiva, mas muitas crianças acabam achando formas negativas de se destacarem, passando a ser indisciplinadas na escola e a tirar notas baixas, por exemplo. A terapia é altamente recomendada para que se possa não apenas compreender o passado, mas também eliminar sentimentos de inadequação ou culpa que, porventura, ainda sejam vivenciados no presente.

Entretanto, apesar da excelente construção de valores, como respeito às diferenças e amor pelo trabalho, a professora Luciane demonstra ainda carregar dificuldades com sua autoimagem, pois provavelmente pinta seu cabelo para evitar lembranças da infância, como ela mesma conta. É muito comum que a criança vítima de bullying leve para a vida adulta as dificuldades com seu autoconceito e sua autoestima. É preciso "trabalhar" muito para reverter esse quadro. Além disso, o apoio da família é fundamental.

A superação de Luciane é, sem dúvida, de grande valor. Mas é interessante observar a forma como ela relata a constatação de que muitos de seus antigos colegas que tanto a feriram seguem "presos em suas vidinhas medíocres, sem terem levado os estudos adiante, vivendo da

Testemunhos reais

mesma maneira de sempre". O tom de sua fala pode remeter a uma mágoa ainda presente, que, embora absolutamente compreensível e legítima (dado o sofrimento pelo qual ela passou), pode ser fonte de sentimentos e pensamentos insalubres. Caso estejamos certos, seria conveniente que essa mágoa fosse tratada em terapia.

Mara Plonka

Durante a minha infância, sofri bullying por parte das crianças da escola onde estudava devido à minha baixa condição social. Elas me chamavam de "fedida" e "piolhenta", não me emprestavam material escolar quando eu precisava e me excluíam das brincadeiras. A minha professora na época, além de não possuir o conhecimento necessário para lidar com essa situação, não se mobilizava para fazer algo a respeito. Duas situações me marcaram bastante: em dias de chuva, a professora não deixava as crianças saírem da sala, sendo que o lanche do recreio era feito ali mesmo. Todos os meus colegas traziam pães, bolachas, leites de garrafa, e eu, como não tinha nada para comer, era afastada do grupo e ficava observando as crianças comerem. Hoje, como adulta e educadora, vejo que essa atitude não envolvia somente falta de conhecimento, mas também falta de sensibilidade e de amor ao próximo. Outra situação que me marcou foi o fato da professora me humilhar diante dos meus colegas. Lembro-me que, naquela época, a mesa dessa professora ficava num patamar mais elevado, sendo que ela colocava sobre esse móvel "tocos" de lápis de cor e dizia: "Quem não tem lápis, venha aqui buscar!" Além da turma inteira ver que eu não tinha lápis, ela não deixava que eu escolhesse uma cor de minha preferência. Certa vez, a professora mencionada me forneceu a figura de um Papai Noel para pintar. Então, eu fui até a mesa dela e tentei pegar um lápis vermelho. Imediatamente, ela disse: "Não precisa ficar escolhendo!", dando um tapinha em uma de minhas mãos. Em seguida, me deu um lápis preto. Depois da finalização da atividade, a professora fez a exposição desses trabalhos em sala e ordenou que eu levasse o meu embora.

Como se isso não bastasse, eu não pude contar com a presença dos meus pais durante essa fase, talvez devido à ignorância deles em relação à importância disso na vida de uma criança. Meu pai sequer sabia a série em que eu estava, e minha mãe nunca apareceu na escola para pegar meu boletim, conversar com a professora ou assistir a uma apresentação em comemoração ao Dia das Mães. Nessas datas comemorativas, eu sempre ficava sozinha, segurando uma florzinha nas mãos e observando as outras crianças abraçarem suas mães. Hoje me sinto forte e realizada e me dou bem com minha mãe, que, aliás, é minha vizinha. Trabalho na área de educação infantil e tudo que vivi serviu como experiência para que eu saiba exatamente a professora que devo ser para minhas crianças. Amo o que faço e adoro meus alunos. Trato-os com respeito, lhes ensino valores, imponho limites, trabalho tanto de forma individual como em equipes, ofereço diversos materiais e realizo um trabalho com as famílias, falando sobre a importância da educação e da formação de suas crianças. Consegui chegar até aqui sem nenhuma mágoa ou trauma porque Deus sempre esteve do meu lado e colocou pessoas especiais em minha vida, que me apoiaram e me ajudaram a me tornar quem sou.

Raio X

Possivelmente, o bullying esteve presente em apenas duas das situações apresentadas pela Mara: em relação aos colegas de turma e à professora, já que a situação da vítima com os pais não satisfaz as condições necessárias para que fosse considerada bullying (as ações

Testemunhos reais

não se repetiam e tampouco eram movidas por uma intencionalidade de causar dor física ou emocional).

No entanto, ainda que não se configure bullying, a forma como a família agiu não foi saudável. Sem perceberem a importância de sua presença na vida escolar da Mara, seus familiares acabaram distanciando-se de tudo que estava relacionado às atividades escolares da garota. Não há no relato da Mara sinais de que seus pais tivessem tido qualquer ação intencional; isso significa que eles magoaram a filha sem conhecer as implicações disso para ela. A cena de uma menina com uma flor na mão, observando as outras crianças abraçarem suas mães, é emocionalmente forte, mas não significa muito no contexto geral do relacionamento de Mara e a mãe. Pelo que parece, a relação das duas é saudável até hoje.

Já a ação da professora é terrível, preconceituosa e maldosa. Uma profissional que se dispõe a humilhar uma aluna e não se preocupa com os sentimentos dela não deveria estar em sala de aula. O fato de ela não corrigir as atitudes preconceituosas dos colegas de Mara, por si só, já é algo ruim. No entanto, ela também agia de maneira maléfica. Obviamente, uma criança registra todos esses sentimentos negativos e sofre com isso por muito tempo. Ficamos felizes em saber que a Mara teve o privilégio de ter pessoas ao seu lado que a ajudaram a superar o passado e a perceber o seu real valor como ser humano. Não é sempre que isso acontece.

Vladimir Ricardo Moresqui

Eu era uma criança com muita energia, porém muito nervosa. Acho que eu devia ter algum tipo de transtorno de concentração ou algo parecido. Só sei que não gostava das aulas nem de alguns professores e colegas da escola onde estudava. Sou o mais novo de 3 filhos, que estudaram num colégio particular de Curitiba nos anos de 1980. Meus 2 irmãos fizeram o pré/maternal e o primeiro grau inteiro nesse colégio. Eu estudei nesse local do pré à 7ª série, sendo que reprovei nessa última série. A diferença é que a situação financeira da minha família na época de meus irmãos era bem melhor que na minha época. Eles lanchavam diariamente na escola e eu, não. Com isso, eu era uma criança pobre num colégio de ricos. Essa diferença social me trouxe vários transtornos. Meus colegas caçoavam de mim por eu ter apenas um único uniforme, rasgado e/ou sujo, por eu usar um tênis sujo, velho e/ou furado, uma chuteira de borracha e sapato social com agasalho. Pode isso? Mas esses detalhes não eram tão significativos. O que realmente me trouxe problemas foi a falta de atenção ou desdém para com a minha pessoa ou em relação ao que acontecia comigo. Alguns professores demonstravam que não gostavam de mim. Além disso, a coordenadora da escola sempre foi muito severa comigo. Sim, eu era terrível! Uma criança realmente complicada. Não me interessava pelos estudos, não fazia as tarefas de casa e minhas notas nunca eram boas. Até a 4ª série, eu fazia judô e jogava futebol e tinha amigos na escola. Da 5ª série em diante, peguei recuperação todos os anos, sendo que a quantidade de matérias em recuperação aumentava a cada ano! Nessa fase, eu já não fazia mais judô. Além disso, minha mãe não me deixou entrar para a seleção de futebol porque eu tirava nota vermelha em matemática. Eu fico pensando: será que eu tinha nota vermelha em matemática justamente porque não fazia judô? Então, a partir da 5ª série, foi assim: quando chegava às 7h da manhã na escola, meus colegas estavam fazendo tarefas. Era nesse momento em que eu lembrava ou ficava sabendo que tinha uma atividade da aula de História pra fazer, um questionário de geografia etc. Além disso, eu nunca fazia as contas de matemática! Então, às 7h eu fazia a tarefa

Testemunhos reais

da primeira aula. Batia o sinal e eu ia pra fila. Na primeira aula, eu fazia a tarefa da segunda aula; na segunda, a da terceira; e assim por diante. E sempre tinha um "dedo-duro": "Professora, o Ricardo tá fazendo a tarefa de história", ele dizia. Então, a professora vinha e "tomava" o meu livro/caderno. Prejudicado pelo meu colega, que sentia prazer em me ver numa péssima situação, eu ficava extremamente nervoso e pensava: "Pra quê isso?". Em seguida, eu soltava os palavrões mais comuns, mal-educados e ofensivos que existem. Então, eu escutava aquela frase que me gelava a espinha: "Vou te pegar na saída". Até aí, sem problemas, afinal, eu fiz cinco anos de judô e aprendi a me defender. O problema é que vinham em turma pra me bater. Alguns faziam *muay thai*, outros, *taekwondo*. Mesmo assim, vinham em bando. Rodrigo, Geraldo, César, Gerson, Caio, Pedrão e Flávio contra um só. Eu sempre falava com a coordenadora. Pedia pra ela me deixar ir embora mais cedo, pois meus colegas iriam brigar comigo na saída. Ela respondia, em tom sarcástico: "Ninguém mandou provocar!". Eu falava também com a minha mãe e escutava a mesma coisa. Até que um dia, na 7ª série, fizeram uma brincadeira "pra lá" de idiota comigo. Eu devia ter uns 12 anos nessa época. Era hora do recreio e fizeram um círculo em volta do garrafão de basquete, na quadra de esportes. Jogaram um moleque dentro desse círculo e falaram pra ele escolher: ou ele jogaria no gol – na defesa – ou ficaria na linha, pra chutar. Uma bola? Não! Uma latinha de refrigerante, daquelas antigas, de latão! Parecia uma lata de azeite em miniatura! De repente, me empurraram pra dentro do círculo. Como o outro garoto tinha escolhido ficar no gol, eu tinha de chutar. As regras eram: se o goleiro defendesse ou eu chutasse na trave ou pra fora, eu apanhava. Se eu fizesse o gol, o garoto apanhava. Se um de nós quisesse sair do círculo, apanhava. Chutei! Lembro que o chute foi fraco e o garoto "defendeu". Lembro-me de ter levado vários tapas e socos nas costas, na nuca e na cabeça. Protegi minhas orelhas e rosto como se fosse um boxeador fechando a guarda e curvei meu corpo. Imediatamente, um chute acertou o meu nariz. Acordei minutos depois na secretaria, com o nariz sangrando. Não falei nada pra ninguém. Simplesmente levantei, fui até a minha sala, peguei minhas coisas e saí porta afora. Nesse momento, a moça da secretaria gritava o meu nome e ameaçava chamar minha mãe, a diretora, a polícia, o prefeito, o papa! Ao chegar em casa, minha mãe perguntou o que havia acontecido. Eu, ironicamente, respondi que tinha provocado meus colegas. Dias depois, gripado, pedi para o professor de Educação Física pra não fazer uma determinada atividade, pois não queria ficar no sol. Disse que ficaria na sombra, brincando com uma bola de vôlei. Então, um dos colegas que havia me agredido durante o episódio do jogo de futebol pediu a bola. Eu disse que não daria, pois iria ficar na sombra. Por um momento, pensei: "Puxa, estou atrapalhando a aula do meu colega". Em seguida, chamei-o e joguei a bola pra ele. Depois disso, ele me chamou. Ao virar para mim, ele arremessou a bola na minha cara e disse a frase que me gelava a espinha: "Vou te pegar na saída". Cansado dessa situação, reagi de maneira grosseira. Porém, no recreio pulei a janela da sala e fugi para casa. Entretanto, a professora que mais me detestava (esse sentimento era recíproco) me viu fugindo da escola e informou à direção, que, por sua vez, informou meus pais. Resultado: tomei uma bela de uma surra por ter "matado" aula. Depois do episódio da "gazeada" de aula, da fuga da escola e da surra, comecei a "gazear" ainda mais. Só que eu ia assistir aulas em outra escola, que ficava perto da minha casa. Mesmo assim, tinha fama de ser "maloqueiro". Certa vez, quando voltei à minha escola "original", a diretora me chamou na sala dela. Eles tinham uma péssima maneira de chamar os alunos na diretoria: "Ricardo, a diretora que falar com você na sala dela agora". Todos na sala de aula caçoavam e, como eu era o aluno-problema, isso era frequente! A diretora convidou-me a sair da escola. Ela falou que eu deveria conversar com

Testemunhos reais

meus pais sobre essa possibilidade antes de ser expulso. Nesse momento, não temendo mais nada, desabafei com a diretora. Falei tudo que estava no meu coração. No ano em que isso ocorreu, eu, que frequentava a 7ª série, reprovei. No ano seguinte, minha mãe insistiu pra eu continuar no mesmo colégio, onde permaneci por mais 2 meses. Mas, por mais que eu ficasse quieto, os meus ex-colegas ficavam me provocando, tirando sarro de mim. Eu fingia que não era comigo. Além disso, eu continuava matando aula eventualmente para ir à escola estadual. Um dia, ao chegar em casa, minha mãe me informou que eu seria transferido justamente para o colégio estadual onde eu assistia algumas aulas. Fiquei feliz e contei a ela que já tinha ido lá! Estudei apenas um ano nesse colégio. Faz mais de 25 anos que saí de lá, mas ainda mantenho contato com alguns amigos que fiz no local! Do colégio particular onde estudei, só me restou uma amiga. Mesmo estudando em outra escola naquela época, ainda cruzava com meus ex-colegas, que insistiam em me perturbar. Por isso, comecei a fazer o meu caminho a pé. Assim, eu evitava pegar ônibus com eles. Depois de ter estudado no colégio estadual que mencionei, minha mãe gastou bastante dinheiro pra me ajudar a estudar no Colégio da Polícia Militar. Farda, livros, coturno: tudo era caro demais. Acabei desistindo de estudar nesse colégio. Minha mãe ficou muito brava comigo e me chamou de burro, entre outras coisas. Então, eis que consegui uma bolsa para estudar em um colégio que pertencia a uma universidade particular, onde o Marcos Meier foi meu professor de Matemática por 2 anos! Nessa época, o gosto pelos estudos foi despertado em mim. Tive excelentes notas em quase todas as matérias. Só tive notas baixas nas disciplinas em que eu realmente tinha dificuldade, como Literatura, Gramática e História, áreas das quais eu gosto um pouco hoje. Encontrei os meus colegas depois de ter saído da escola particular onde estudei e tive a oportunidade de olhar bem nos olhos de cada um deles. Aos 18 anos, comecei a frequentar uma academia de musculação. Enfrentei meus medos e confesso que quis me vingar das pessoas que me fizeram mal. Pensava: "Ah, se ele olhasse pra mim, seria perfeito! Agora estou maior, mais forte e sem medo!". Graças a Deus, não cometi nenhum ato de vingança e fiquei em paz. Um deles, inclusive, me encontrou numa lanchonete certa vez. Ele me reconheceu, me abraçou e contou de sua vida. Percebi, com isso, que o que aconteceu comigo serviu pra moldar o homem que sou hoje. Virei músico e consegui bolsas de estudos em colégios de renome de Curitiba. Além disso, sou pai. Não deixei que as coisas que aconteceram comigo me abalassem. O que aconteceu não é desculpa para as minhas faltas.

Raio X

O abraço que Ricardo recebeu de um dos antigos agressores serve para refletirmos sobre a importância de se investir no ser humano e de não desistir dele. Além do agressor, o próprio Ricardo, aluno "problema", é, hoje, um profissional e ser humano de sucesso. Venceu e ressignificou o seu passado, tornando-se uma pessoa de valor. É este o papel da educação: acreditar na mudança do ser humano e investir na construção de valores. Não se trata de um trabalho fácil, mas é necessário.

A presença de uma "criança pobre num colégio de ricos" jamais deveria ser considerada um problema, mas é. Em geral, as escolas não estão preparadas para lidar com as diferenças e ajudar seus alunos a se integrar nos grupos existentes.

As crianças e os adolescentes precisam aprender a não serem preconceituosos, integrando e aceitando o diferente. Isso não acontece de forma espontânea nem imediata. É fruto de muito trabalho, reflexão e educação. Os professores precisam achar maneiras mais eficazes

> de fazer com que isso aconteça. A atitude de aceitar e integrar o diferente precisa ser apoiada pelos gestores, governos e sociedade como um todo.

Marcos Meier

No início da adolescência, eu já era muito maior que meus colegas da escola, além de ser bastante magro e "branco". Essas características me faziam ser "o diferente", a ponto de servir de chacota não apenas por parte dos colegas de sala, mas por todos da escola.

Ao entrar no pátio interno, o coro ressoava: "pau de catar laranja", "espanador da lua", "perna de vela", "queijo branco", "urubu branco", "garça", "girafa", "Monte Everest", entre outros apelidos. A criatividade dos agressores não tinha limites – e a minha tristeza só aumentava. No início das agressões, os poucos amigos que eu tinha "ficavam do meu lado". Um ou outro dizia: "Não ligue, Marcos, eles são uns bobões", mas, depois, eles também começaram a ser atingidos, pois os agressores diziam que "amigo de urubu também é urubu". Depois de um tempo, me vi sem ninguém com quem contar. Eu calculava a hora que deveria sair de casa para chegar no momento exato em que o sinal da escola tocava e, assim que as aulas terminavam, corria para casa. As festas de aniversário eram motivo de muita ansiedade, alegria e diversão para todos, menos para mim, que nem chegava a ser convidado. A única da qual eu não tive como escapar ocorreu na própria sala de aula, sendo que os meninos convidaram as meninas para dançar. Mesmo sem saber dançar, tomei coragem para convidar uma colega de turma e ouvi, como resposta à minha ousada pergunta, a seguinte resposta: "Você é muito alto". Mas eu não desisti e convidei outra garota, que disse: "Não dá, não, iria ficar ridículo". Depois, sentei-me ao lado de outro menino também considerado "esquisito" e ficamos ali, em silêncio. Aprendi a estar sempre sozinho e a me esconder nos livros.

Senti na pele o que a exclusão faz. Além disso, comecei a ter pensamentos suicidas: talvez as pessoas não se incomodassem tanto se eu não existisse, talvez o mundo fosse um lugar melhor de se viver se o "cara esquisitão" saísse dele. Chorava escondido em casa para que meus irmãos e meus pais não descobrissem que algo estava errado, pois eu sentia que o errado era eu, e que a "culpa" era somente minha. O meu final poderia ter sido trágico, se não fosse o apoio de minha família. Uma tia me abraçava sempre que me via e dizia: "Uau, como homem alto é lindo!". Eu não acreditava, mas isso aliviava o meu coração. Minha mãe demonstrava seu carinho e admiração por mim e contrabalançava as agressões verbais que eu recebia na escola com elogios de todos os tipos. Meus irmãos, fisicamente parecidos comigo, faziam com que eu percebesse que não estava sozinho. Tudo isso me salvou. No entanto, apesar de eu ter aprendido a lidar com as diferenças, a aceitar minhas características físicas e, gostar delas, minha autoestima estava prejudicada. Levei muito tempo para compreender que a minha percepção de valor próprio estava afetada pela minha história, e que eu podia me livrar desse peso. Hoje sou feliz, realizado e busco novos desafios acreditando que sou capaz. Todavia, tenho a consciência de que nem todas as pessoas tiveram a mesma sorte. Sofrem até o fim da vida por não acreditarem em si mesmas e por, lá no fundo de suas almas, não se acharem competentes o suficiente. O bullying não deixa ninguém mais forte, mais capaz ou mais competente. Tudo isso é resultado de uma família que apoia, de amigos solidários, de terapia, de reflexões profundas e de uma conscientização adequada em relação à vida e aos valores e princípios próprios.

Testemunhos reais

Raio X

Excluir o diferente, o mais fraco, é algo comum entre crianças e adolescentes. Isso, porém, não é saudável para os agressores, muito menos para a vítima. Vale ressaltar aqui o trabalho de compensação que a família realizou na história do Marcos. Elogios, apoio emocional e incentivo deveriam ser a marca de qualquer família, mas isso nem sempre acontece na prática. Em não havendo isso, as vítimas de bullying acabam sofrendo ainda mais, o que faz com que os efeitos dessa prática tomem proporções muito maiores. A escola, ao saber disso, poderia construir parcerias com as famílias, não para que estas possam realizar interferências no processo pedagógico, mas para que as duas sejam capazes de discutir caminhos em conjunto para solucionarem os problemas decorrentes do bullying.

Jeanine Rolim de Moura

Minha experiência com o bullying começou já na primeira infância, quando eu tinha 5 anos de idade. Morávamos em uma cidade pequena do interior do Paraná, daquelas onde todos se conhecem. Meus pais, com muito esforço, mantinham meus dois irmãos mais velhos e eu na melhor escola particular que havia no local. Lá só estudavam os filhos dos ricos da cidade. Meus irmãos e eu, entretanto, não éramos filhos de nenhuma figura economicamente importante da região, mas, sim, dos diretores do orfanato da cidade. Dormíamos, comíamos e vivíamos com outras dezenas de crianças órfãs ou abandonadas, sem que fosse feita qualquer distinção entre nós. Apenas estudávamos em escolas diferentes, pois meus pais viam na educação um investimento valioso, sendo que, certamente, eles fariam o mesmo para cada um daqueles meninos, se pudessem. Na escola, os filhos dos "coronéis" da cidade estavam sempre rindo de uma ou outra roupa que eu usava sob o uniforme – especialmente dos meus casacos de inverno. Tratavam-se de roupas doadas por um grupo de alemães que, generosamente, as enviavam por contêineres à nossa instituição. Todas as pessoas da cidade ficavam "de olho" quando o contêiner dos "flagelados", como era chamado, chegava. As peças nada tinham de errado – aliás, hoje, sei que eram, na verdade, muito melhores que as dos meus coleguinhas ricos. Mas, como, na época, eu era apenas uma criança, não tinha consciência disso. Muito mais viva que a qualidade das roupas, está a memória dos risos e dedos apontados em minha direção, acompanhados de falas como "olha lá, a flagelada!". Eu não sabia o significado dessa palavra, mas o olhar de desprezo daquelas crianças era suficiente para me magoar. Entretanto, pior que a reação dos meus colegas era a forma como a minha professora me tratava. Tudo era motivo para humilhações públicas diante de toda a turma: o lanche que eu trazia, o erro no caderno de caligrafia etc. Lembro-me especialmente de duas ocasiões. Na primeira, levei para a professora um dos pãezinhos de forma que minha mãe costumava fazer carinhosamente em uma lata de sardinha. Quando fui, toda feliz, entregar o pão para a professora, ela disse, de forma áspera: "Hoje não é dia de pão! Sua mãe não viu o cardápio? Hoje é dia de bolo!" – e afastou o pãozinho com desprezo. O gesto carinhoso nada mais era que uma tentativa de obter sua aprovação, uma vez que meus dias na escola eram marcados por situações humilhantes diante dos colegas. Todavia, passei a ser excluída também pela professora. A segunda situação também merece ser relatada. Imagine uma turminha de pré, semialfabetizada, sob a tensão de um ditado! Lembro-me de ter feito um esforço descomunal na tentativa de lembrar qual das 23 letras do alfabeto era a bendita "e" que a professora havia ditado. Quando, enfim, tive uma vaga memória visual, rapidamente a escrevi. Ainda

Testemunhos reais

empolgada por ter lembrado, avistei, com o canto dos olhos, a professora parada do meu lado, com uma expressão de profunda decepção. Em seguida, ela disse: "Esta é a letra 'l', Jeanine. Eu ditei a 'e'! Não sabe a diferença?". Embora a resposta pudesse ter sido um sonoro "não", obviamente, eu não disse nada. Peguei a borracha e apaguei meu tão grave e imperdoável erro. Como já era de se esperar, a professora também me recriminou pela "borradeira" e por ter apagado, acidentalmente, a linha amarela do caderno de caligrafia. Na constante busca por acertar, apesar da imaturidade infantil, apanhei um lápis de cor amarela e tentei redesenhar a linha em questão. Ao ser flagrada em meu "delito" criativo, fui novamente humilhada diante de meus colegas, pois, agora, o traçado do grafite não "pegava" sobre o lápis de cor amarela. Meu único desejo era desistir daquela tão pesada aventura que era aprender. Minha defesa, assim como a de muitas crianças, foi a fuga. Vomitava todos os dias assim que chegava à escola. De imediato, a coordenadora vinha até a minha sala, tomava-me gentilmente pelas mãos e me conduzia até o paraíso, a "sala do soninho", um lugar onde não havia risos, zombarias e outros tipos de humilhação. Lá ficávamos só eu e a coordenadora, que, depois de perguntar o que eu havia comido no almoço, me cobria de cafunés maternais até que eu pegasse no sono. Isso virou uma rotina para mim, muito mais prazerosa que o encantado mundo das letras, o que era uma pena. Ao voltar para casa, eu sempre via minha mãe lendo um enorme livro de capa preta. Sua feição transmitia-me muito mais do que quaisquer linhas amarelas de cadernos de caligrafia. Meu desejo era saber o que elas – as letras – lhe diziam a ponto de deixá-la reluzente. Desistir de aprender já não era mais uma opção. Comecei a permanecer mais tempo no colo de minha mãe, leitora assídua e amante das letras e da arte de ensinar. Ali, dia após dia, apaixonei-me pelo mundo da leitura e da escrita e me alfabetizei. Aprender já não era mais pesado para mim. A diferença entre um "e" e um "l" já não

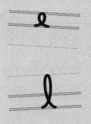

era a questão principal. Por trás das letras, surgiam mundos, moviam-se personagens, se formavam histórias e, ao invés de críticas e reprovações, eu recebia sorrisos e elogios. Não foi fácil, tampouco rápido, mas pouco a pouco escrevi uma nova história em relação à educação e aprendi a gostar e a nunca mais sair da escola. Tornei-me professora e tive a grata oportunidade de fazer a diferença na vida de muitos de meus alunos. Aproveitei com sabedoria cada oportunidade para acolhê-los, aceitá-los, compreendê-los e amá-los.

Raio X

O relato da Jeanine nos mostra claramente o que o corpo de uma criança que está sofrendo agressões pode fazer: desenvolver sintomas. O vômito era uma forma de fugir das agressões. Muitas crianças vítimas de bullying apresentam sintomas parecidos, além de dores de cabeça, náuseas, choro e outros, que são, na verdade, tentativas de fuga. Prestar atenção nas mudanças de comportamento de uma criança em relação à escola pode prevenir problemas maiores.

A forma como a Jeanine superou os problemas com o bullying fica evidente quando ela fala de sua mãe. O carinho, a dedicação à leitura e o incentivo desta fizeram com que ela restaurasse sua autoestima. Crianças precisam de ambientes acolhedores e de pessoas que as amem de verdade.

Novamente, vemos a história de uma professora que não tinha o bom senso de cuidar das emoções de seus alunos. A falta de sensibilidade no trato com as crianças – especialmente no que diz respeito

Testemunhos reais

às suas dificuldades – não pode ser uma característica do educador. Professores precisam incentivar, apoiar, ajudar, provocar reflexões, potencializar o desenvolvimento e mediar a aprendizagem. Eles podem oferecer críticas, mas com cuidado e respeito. Podem ser exigentes, mas sempre acreditando no potencial das crianças.

capítulo oito

Prevenindo o bullying

Prevenindo o bullying

Não há dúvidas de que o melhor recurso contra o bullying nas escolas é a prevenção. Com o fornecimento de informações a toda a comunidade escolar (alunos, pais, professores e demais funcionários), rompe-se a primeira das armadilhas desse fenômeno: o silêncio. Crianças e adolescentes são plenamente capazes de falar sobre seus medos e inseguranças, porém, para isso, precisam de espaço, respeito e segurança. Por isso, uma

Créditos: Fernando Favoretto/Criar Imagem/© goodluz/© Andres Rodriguez/Fotolia

excelente estratégia é a promoção de debates, de momentos de troca de experiências e de palestras de qualidade. Vale salientar que é necessário que essas ações atinjam os alunos, seus familiares, os funcionários da escola e os professores.

Essas reuniões podem servir para a propagação de uma cultura de paz no dia a dia das crianças e dos adolescentes em casa, na rua ou na escola. Elas podem ser consideradas verdadeiras oficinas de atitudes como gentileza, respeito e tolerância, em que podem ocorrer palestras e atividades práticas que provoquem a reflexão e ensinem sobre a resolução de conflitos por meio da palavra. Além de propiciarem o aprendizado, essas ações podem ajudar a integrar os alunos às suas famílias, estreitando laços de amizade, confiança e respeito.

Sabemos que, na maioria das vezes, os pais que participam desses encontros promovidos pela escola são justamente os que não precisariam estar lá. Uma estratégia – polêmica, diga-se de passagem – encontrada por algumas comunidades escolares para esse problema tem sido oferecer "algo a mais" nessas ocasiões, como *shows* de mágica e de música ou serviços comunitários (avaliação odontológica ou cortes de cabelo, por exemplo). Atraídos por algum benefício aparente, os pais e filhos são alcançados. Essas ações podem ser viabilizadas por meio de parcerias com profissionais do bairro em troca da propaganda de seus serviços ou até mesmo de voluntários entre os pais de alunos.

Para que não haja frustrações, devemos lembrar que as ações mencionadas são realizadas para objetivos a longo prazo. Não devemos esperar que uma palestra ou um único evento traga a mudança desejada. É preciso persistência e constante inovação para que isso ocorra. Mas vale a pena investir nessas

Prevenindo o bullying

ações, pois uma cultura que prevê a "formação de pais" é paulatinamente construída.

Seguem outras importantes sugestões de iniciativas que você, educador, pode tomar no dia a dia para prevenir ações de bullying:

- Promova trabalhos coletivos que valorizem atitudes de gentileza, o diálogo e o respeito às diferenças.

- Autodiscipline-se para perceber e elogiar as atitudes positivas de todos os seus alunos. Esse deve ser um hábito a ser desenvolvido pelos educadores, porque facilmente memorizamos os nomes dos alunos mais agitados e que têm tendência a serem líderes, enquanto os demais ficam em segundo plano. Isso faz com que não dispensemos a devida atenção àqueles que se comportam bem e que normalmente agem com gentileza. Essa atitude inconsciente acaba colaborando para que os bons alunos não sejam devidamente valorizados.

- Na medida do possível, crie espaços nos quais os alunos possam expressar suas ideias sobre os conflitos vivenciados entre eles. Esse espaço não deve ser um minitribunal, onde se busca a identificação dos culpados e das vítimas, mas, sim, um local para a promoção do diálogo entre os alunos e para a mediação dos conflitos. Muitas vezes, as brigas e discussões ocorrem devido a grandes mal-entendidos ou por circunstâncias específicas do momento – em que todos estavam emocionalmente alterados, por exemplo. Ao propiciar aos alunos a oportunidade de serem ouvidos, o educador pode alcançar resultados surpreendentes e, até mesmo, uma reconciliação espontânea.

- Oriente os pais a criarem uma esfera de confiança com seus filhos, permitindo que eles falem sobre seus sentimentos e dificuldades, e não apenas sobre suas alegrias e conquistas. Esse compartilhamento somente ocorrerá se a criança ou adolescente se sentir aceito pelos pais, sem cobranças e críticas excessivas sobre seus erros. Muitas crianças não falam nada a seus pais por terem medo de sofrer críticas.

- Dê ênfase à cautela, quando orientá-los. Nas orientações aos pais, o professor deve salientar que os relatos das crianças devem sempre ser considerados com cautela, isto é, nunca se deve subestimar a dor da criança nem tampouco superestimá-la. Além disso, os pais não podem ter reações imediatas, como ir à escola para brigar com o colega supostamente agressor. Há casos em que os relatos não são totalmente verdadeiros, o que leva a grandes injustiças serem cometidas devido a atitudes precoces. Por isso, sugerimos que o primeiro procedimento seja sempre averiguar a situação junto à equipe pedagógica da escola, para que esta, sim, tome as providências necessárias.

- Também oriente os pais a fortalecer a personalidade e a autoestima de seus filhos, uma vez que a criança que possui personalidade forte e reconhece seu valor sabe dizer "não". Isso protege as crianças e adolescentes não apenas do bullying, mas também de uma sexualidade irresponsável, de brigas e do uso de drogas. No Capítulo 10, discorreremos detalhadamente sobre como os pais podem fortalecer seus filhos.

- Como educador, fale mais sobre aquilo que pode e deve ser feito do que sobre o que não pode ser feito por seus alunos. Fazendo uma auto-observação sobre o tempo dispendido aos "nãos", talvez você constate que enfatiza demais aquilo que é expressamente proibido aos alunos. Inverta esse quadro, utilizando mais tempo para exemplificar boas atitudes, elogiando seus alunos e reforçando comportamentos positivos. Em pouco tempo, isso será bastante natural para você!

- Faça do bullying um assunto conhecido. Promova debates, produções de trabalhos e campanhas antibullying com seus alunos. O desconhecido é sempre ameaçador. Quando a criança ou adolescente sabe o que está acontecendo, fica mais fácil buscar ajuda. O ideal é atingir todos os segmentos da instituição escolar: alunos, pais, funcionários e professores. Todos devem conhecer o bullying para que possam erradicá-lo com sabedoria.

- Nos debates e produções sugeridos anteriormente, aborde também o cyberbullying, ensinando os alunos sobre o uso responsável da internet, do celular e de outras tecnologias. Muitas crianças têm pais que não possuem uma clara noção do perigo que a rede mundial de comunicação pode trazer aos seus filhos e, por isso, deixam de orientá-los. Os educadores podem ajudar nessa tarefa, mostrando a eles a seriedade e a responsabilidade necessárias ao se publicar qualquer informação a respeito de si mesmos (e de terceiros) na internet. Conversando sobre isso com nossas crianças e adolescentes, ajudamos a desmistificar a internet, mostrando que tudo que é "jogado" na rede provavelmente permanecerá nela para sempre. Também é importante conscientizá-los de que o fato de uma agressão ser feita *on-line* não garante o anonimato, já que existe a possibilidade de identificação e localização do computador de onde uma possível postagem agressiva tenha sido feita. É necessário alertar os alunos de que o respeito, a tolerância às diferenças e a ética também devem ser considerados no mundo virtual.

- Se você está na posição de gestor, esforce-se para envolver todas as instâncias do ambiente escolar nessa causa. Pais, professores e funcionários em geral podem ser grandes aliados na luta contra o bullying. Um bom começo é promover rodas de conversas para esclarecer o que é bullying, como identificá-lo e como realizar intervenções. Além da abordagem direta do assunto, o gestor pode produzir e enviar textos para instruir os pais e a equipe escolar em geral sobre emoções e conflitos pessoais. Nesse sentido, vale ressaltar que aprender a lidar com conflitos pode ser um excelente caminho para que você influencie positivamente as crianças de sua escola por meio de seus próprios exemplos. Sabemos que essa não é uma tarefa fácil para o gestor, uma vez que ele, provavelmente, está com a sua personalidade formada e já possui suas próprias manias. Há uma rica literatura sobre inteligência emocional que pode ser muito útil nessa tarefa!

> **Toque a +**
> Para saber mais sobre inteligência emocional, recomendamos a leitura da obra *Inteligência emocional*, de Daniel Goleman.

- Por fim, tome cuidado com as pesquisas que têm sido veiculadas na mídia. Muitas das que são produzidas por jornais e revistas não especializadas não esclarecem, de fato, o que é bullying, diferenciando-o de situações de conflito do dia a dia, corriqueiras em todas as escolas. Sem saber que, para uma atitude ser caracterizada como bullying, ela precisa das características que já apresentamos (ser intencional,

Prevenindo o bullying

repetitiva e ter uma relação desigual de poder), o adolescente ou a criança entrevistada na pesquisa obviamente responderá que já sofreu bullying, afinal, praticamente todos nós passamos por pelo menos uma "briguinha" durante a vida escolar, não é mesmo? O resultado disso são índices alarmantes em pesquisas mal realizadas, que não devem ser motivo de pânico para os pais e educadores. Filtre os dados que lê ou ouve nos noticiários da TV. A melhor descrição da realidade é aquela que é permeada pelo bom senso.

oito.um
Ideias que têm dado certo

- A ONG **Instituto Não-Violência**® visa "desenvolver e fortalecer uma cultura de não violência por intermédio das escolas" (O Instituto Não-Violência, 2013), realizando ações educativas e preventivas em escolas da rede pública de ensino desde 1998. O instituto oferece uma série de programas e cursos de capacitação a educadores. Você e a equipe de sua escola podem obter mais informações e entrar em contato pelo *site* da própria ONG. O endereço é <www.naoviolencia.org.br/home>.
- Outra ONG que deve ser citada é a **Plan**, uma organização inglesa sem fins lucrativos que tem realizado projetos no mundo todo para valorizar a criança e seus direitos. Recentemente, ela lançou uma campanha intitulada "Chega de bullying, não fique calado!",

Crédito: © Kablonk Micro/Fotolia

em parceria com o canal Cartoon Network™, com a rede social e com as organizações Visão Mundial e Plan International. Vale a pena conhecer! O endereço na web é <www.plan.org.br>.
- É imprescindível também citarmos o trabalho realizado pela pesquisadora pioneira sobre o fenômeno bullying no Brasil, Dr³. Cleo Fante. O **Centro Multidisciplinar de Estudos e Orientações sobre Bullying Escolar** (Cemeobes), do qual Fante faz parte, tem desenvolvido um vasto trabalho de pesquisas e práticas preventivas (como a formação de grupos de alunos solidários e a aplicação de redações autobiográficas anônimas para que os alunos possam expressar suas dificuldades de relacionamento) (Fante; Pedra, 2008). Você pode conhecer melhor os programas oferecidos acessando o site da instituição pelo seguinte link: <www.cemeobes.com.br>.

Crédito: © Diego Cervo/Fotolia

Algumas vezes, a prevenção não é suficiente para se evitar o bullying, o que leva à ocorrência de situações lamentáveis nas escolas. No capítulo seguinte, iremos sugerir ações práticas que podem ser adotadas pelo educador em relação às vítimas e aos agressores. Se você é pai ou mãe, as orientações para lidar com o seu filho, vítima ou agressor, estão um pouco mais adiante, no Capítulo 10.

capítulo nove

Meu aluno está sofrendo ou praticando bullying: como devo proceder?

Meu aluno está sofrendo ou praticando bullying: como devo proceder?

nove.um
Como lidar com o agressor se você é educador

Os profissionais da educação (professores, coordenadores ou diretores) que se deparam com casos de bullying em suas escolas têm, em geral, uma certeza quanto ao procedimento a ser adotado: o agressor deve ser responsabilizado por suas ações. Eles estão corretos por pensarem assim, mas erram quando resumem suas ações a punições.

O autor do bullying também está dando sinais de que algo não vai bem consigo. Sua necessidade permanente de mostrar poder nada mais é que uma autoafirmação típica de quem, na verdade, esconde sua insegurança e baixa autoestima. Ou seja, mesmo que tenhamos uma visão extremamente cruel do mundo, devemos nos esforçar para ver qual é a dor por trás de quem comete atos de agressão. Trata-se de uma tentativa de compreensão, e não de aceitação, do comportamento. Atuando como profissionais, não temos outra opção que não a de sermos o auxílio pelo qual essas crianças e adolescentes estão clamando.

Confira a seguir algumas dicas práticas para que você ajude o agressor a abandonar a prática do bullying:

- Geralmente, o agressor possui um perfil de liderança e uma incrível capacidade de aglutinar pessoas à sua volta. Muitos, provavelmente, irão acatar o que ele propuser. Sendo assim, podemos ajudá-lo a canalizar esse instinto de liderança para atitudes pacíficas e construtivas dentro e fora da sala de aula. Podemos promover campeonatos diversos e peças de teatro, por exemplo, e propor ao agressor que este ajude na organização desses e de outros eventos. As escolas podem, portanto, criar vários projetos em que os estudantes possam desenvolver seu espírito de liderança sob a orientação de professores. De forma geral, os agressores gostam de momentos exibicionistas, nos quais mostram aos outros do que são capazes. Esta é outra excelente oportunidade para mudar o foco da criança ou do adolescente: coloque-o à frente da turma sempre que puder, pedindo a ele que leia algo, conte uma curiosidade ou até mesmo algum fato engraçado envolvendo a escola. O importante é dar a ele a chance de ser notado aplaudido e aprovado pelos colegas. Assim, a escola estará promovendo o crescimento dos talentos inatos desse e de outros jovens.

- Não é comum um agressor agir sozinho. Ele é, geralmente, patrocinado por um grupo que apoia suas atitudes, seja por medo, seja pela real intenção de promover o bullying. Sendo assim, a escola também pode propor trabalhos com o grupo em questão. Esses trabalhos devem envolver não apenas a conscientização de crianças e adolescentes a respeito das consequências de seu apoio ao agressor, mas, também, a canalização dessa tendência para o trabalho coletivo. Dessa forma, as crianças ou adolescentes que fomentavam agressões, humilhações e brigas poderão passar a incentivar seus colegas "valentões" a fazerem o bem.

- É imprescindível que o ambiente escolar transmita aos alunos a ideia de que a equipe de trabalho (professores, coordenadores, diretores etc.) está no comando daquele espaço, no qual há regras, punições e uma hierarquia a ser respeitada. Numa linguagem mais popular, poderíamos dizer que os alunos, especialmente os agressores, precisam saber quem "manda", (sem uma conotação ditatorial, vale ressaltar). Essa postura gera um clima de segurança.

- Reforce e incentive o bom comportamento e as atitudes de cooperação e respeito do agressor, mesmo que sejam mínimas (o que geralmente ocorre no início do processo). Todavia, tome cuidado para não fazer isso com uma frequência exagerada em relação aos demais alunos. O que queremos apontar é que é importante elogiar as atitudes positivas dos alunos, inclusive as do agressor.

- Nenhuma ação antibullying poderá ser hostil ou desrespeitosa.

- Não são apenas os alunos (agressores, vítimas e espectadores) que terminam com as emoções afloradas no momento subsequente à agressão. Os educadores também findam assim e, por essa razão, precisam de cuidados redobrados para manterem o autocontrole e a neutralidade. Eles não devem atuar como juízes ou advogados. O dever dos educadores é mediar os conflitos e promover a educação (ou reeducação) emocional e social dos envolvidos e, para isso, os elementos primordiais são a sobriedade e a sabedoria.

- Diante de uma agressão, é bastante comum o educador deixar de ouvir o agressor. Imediatamente, esse profissional tende a separá-lo do restante da turma e a repreendê-lo com longos discursos moralistas. Isso é importante, mas não é tudo. É preciso ouvi-lo, deixá-lo expressar o que está sentindo e expor suas razões, mesmo que se saiba que nenhuma delas justificará a atitude. A intenção do educador ao ouvir o agressor não é eleger uma explicação para o que ele fez, mas, sim, colher elementos de sua fala que possam ajudar esse profissional. Nesse contexto, é necessário considerar que o aluno estará alterado emocionalmente após as agressões, já que estas modificam o funcionamento do sistema nervoso de todos os envolvidos. "Aproveite" esse desequilíbrio emocional para obter informações que possam ser úteis para a recuperação da criança ou do adolescente agressor.

- Notifique e ouça os pais do agressor, pois eles são uma fonte importante de informações. Em alguns casos, a mãe e/ou o pai já vêm percebendo as diferenças comportamentais do filho em casa. Em outros casos, basta o educador se deparar com a postura dos pais para constatar que a criança ou adolescente possui um intenso sentimento de rejeição, está sofrendo agressão parental ou mesmo sendo educado sem limites.

nove.dois

Como ajudar a vítima se você é educador

Sabemos que, algumas vezes, desenvolvemos, sem perceber, preferências por um ou outro aluno. Isso é tão natural quanto um pai e uma mãe gostarem de forma diferente de seus filhos, embora amem a todos. O problema disso está em deixar que essas diferenças se transformem em atitudes perceptíveis.

Meu aluno está sofrendo ou praticando bullying: como devo proceder?

Não faltam situações em que os professores confessam que se deixam levar pelo conceito da turma a respeito de determinado aluno. Sem que se deem conta, esses educadores começam a olhar para o aluno em questão com "olhos" diferentes – talvez, com menos expectativas positivas em relação a ele. Somos absolutamente contrários a essa postura, mas, após algumas décadas de trabalho em diversas escolas, sabemos que isso acontece. Não podemos fazer de conta que certas preferências não existem.

Seja como diretor, coordenador ou professor, devemos assumir nossa condição humana acima de tudo. Ao reconhecermos que somos passíveis de erros, podemos agir com mais cautela e analisar continuamente nossas próprias posturas, mudando nossas ações sempre que necessário.

Resumindo: jamais deixe suas preferências pessoais serem percebidas por quem quer que seja. Devemos tratar todos sempre com carinho e respeito, independentemente de ideias preconcebidas ou julgamentos. Gostar de um e não gostar de outro é humano; no entanto, deixar-se influenciar por isso em sua prática pedagógica é abrir espaço para o preconceito.

Seguindo essa premissa, sugerimos algumas dicas práticas para que você, educador, possa ajudar a vítima no dia a dia:

- É importante transmitir ao aluno vitimado a sensação de segurança dentro da escola após o episódio de agressão. A postura firme e declaradamente antibullying de toda a equipe escolar (professores, coordenadores, diretores e demais funcionários) contribuirá para isso. Nesse momento de intensa fragilidade, a vítima precisa sentir que tem aliados.

- Mais uma vez, é importante lembrarmos que os educadores costumam se exaltar diante de episódios de bullying. Precisamos atentar para isso não apenas no que diz respeito aos posicionamentos tomados em relação ao agressor (como anteriormente apontamos), mas também em relação à vítima. Nesse contexto, deve-se ter cuidado ao dizer frases que, embora tenham a intenção de proteger o aluno vitimado, podem aumentar ainda mais o peso que este, possivelmente, estará sentindo no momento. Frases, como "mas por que você não reagiu?", "por que você não chamou alguém?" ou "você tem que ser menos bobinho e se defender!", por exemplo, devem ser evitadas. Demonstre acolher a dor do aluno que sofreu a agressão. Ele estará tomado pelo medo, pela vergonha e pela raiva. Acolha-o sem julgamentos. Esse não é o momento para fazer sermões.

- Ouça o aluno agredido. Muitas vezes, o desequilíbrio emocional provocado por uma situação de violência no espaço escolar é tão grande que o educador acaba se esquecendo de ouvir o principal afetado pela situação: a própria vítima. Nossos movimentos geralmente se voltam, imediatamente, para a punição do agressor e para a proteção do aluno agredido; só não podemos nos esquecer de que o relato deste é primordial. Além do valor que a elucidação do fato tem para a vítima, o ato de relatar o que houve é terapêutico, já que, ao falar, provavelmente essa criança ou adolescente irá chorar e expor seus sentimentos mais secretos, que talvez não revelasse caso não estivesse sob pressão. Considerando isso, damos outra dica: anote a fala da vítima, registrando suas queixas e angústias. Isso é importante tanto em termos legais quanto para fins terapêuticos. Ou seja: você, educador, poderá repassar essas informações ao profissional

Meu aluno está sofrendo ou praticando bullying: como devo proceder?

de psicologia que, porventura, venha a atender a vítima. Obviamente, isso deve ocorrer sempre de forma sigilosa e profissional.

- Notificar os pais do aluno que foi vítima de bullying deve ser um procedimento usual nas escolas. A conversa com os pais é o momento adequado para que a vítima seja encaminhada a outros profissionais (da psicologia, por exemplo), caso a equipe pedagógica da escola julgue necessário. Nesse caso, vale salientar que o encaminhamento precisa ser feito por escrito, com uma cópia que deve ser assinada pelos pais do aluno vitimado e arquivada com os documentos pessoais deste.

- Ao gestor e ao coordenador escolar cabe a proteção aos alunos que são vítimas de bullying. Isso pode ser feito, por exemplo, pela adoção de uma estratégia de segurança diferenciada durante o recreio, de forma que os inspetores se mantenham sempre próximos à vítima. Além disso, a própria criança ou adolescente pode ser solicitado a estar sempre próximo dos inspetores.

- Promova reuniões nas quais os alunos tenham liberdade de falar sobre sua relação com os colegas e sobre as possíveis situações de assédio pelas quais estejam passando. Essas conversas devem ser informais, não inquéritos. Essa prática é importante porque pode favorecer a detecção de casos de bullying.

- Incentive a vítima a resolver seus problemas utilizando a palavra em vez da violência. Expressar suas ideias, contra-argumentar a agressão recebida e procurar a ajuda de um adulto são atos libertadores para a vítima. Mesmo que essas atitudes não solucionem por completo a situação-problema, farão bem à autoestima da criança ou do adolescente agredido.

- Ofereça às crianças e adolescentes o livre e fácil acesso às autoridades da escola – ou seja, faça com que todos, em situações de agressão, saibam a quem procurar e onde procurar.

Considerando esse contexto, segue o relato de uma experiência vivida pela autora desta obra.

Fila do amor

Eu lecionava para o 3° ano do ensino fundamental quando tive meu primeiro caso de bullying na condição de professora. Assumi a turma no meio do ano e me deparei com duas alunas sendo constantemente humilhadas e desprezadas pelos demais, recebendo apelidos pejorativos e sendo alvo de risadas e comentários. Essa situação se repetia quase que diariamente, apesar das exaustivas tentativas da coordenação de erradicar os comportamentos em questão.

Na época, uma novela de temática indiana era veiculada pela principal rede televisiva do país e, mais que rapidamente, o nome *dalit*, que denomina a casta mais baixa da Índia, começou a ser utilizado em referência a essas duas alunas.

Como recém-chegada, coloquei-me na posição de observadora, até mesmo para verificar se esse fato caracterizava realmente o bullying, até que um episódio me deu a "deixa" necessária para uma intervenção. Certo dia, o apontador, a tesoura e o tubo

Meu aluno está sofrendo ou praticando bullying: como devo proceder?

de cola das meninas agredidas desapareceram misteriosamente, tendo sido encontrados dentro da lixeira da sala de aula.

Pedi a todos que sentassem e ficamos conversando sobre o que acontecera por um tempo. Primeiramente, fui até a lixeira com as duas crianças e retirei seus pertences, que estavam bastante "melecados", de lá. Em seguida, coloquei-os sobre uma carteira em frente à turma. Pedi, então, que todos pegassem suas colas, tesouras e apontadores e comparassem esses objetos aos das meninas, incitando-os a falar o que sentiriam caso aquilo tivesse ocorrido com eles. Palavras como *raiva, injustiça, tristeza* e *desrespeito*, entre outras, foram mencionadas por várias crianças. Expliquei delicadamente aos alunos em que consistia a Lei Áurea (fazer aos outros apenas aquilo que gostaríamos que fizessem a nós) enquanto todos me olhavam atentamente, sem qualquer reação além dos olhos estalados e expressões envergonhadas. Um aluno, todavia, não se encaixava nesse perfil. Gabriel mantinha uma das mãos erguidas, como que pedindo a palavra, praticamente desde que os pertences melecados das colegas foram colocados na mesa. Uma ou duas vezes, eu disse a ele que, naquele momento, apenas eu falaria, sendo que, em seguida, ele poderia dar sua opinião. Gabriel, no entanto, insistia em levantar novamente a mão com os olhinhos pequenos num ar "pidoncho", demonstrando que precisava realmente dizer algo. Sem resistir mais ao menino, eu disse: "OK, Gabriel, diga o que quer dizer e depois eu continuo". Minha oratória foi finalizada naquele momento, pois eu havia sido brilhantemente substituída pelas palavras daquele menino, que disse: "Profe, eu fui um dos que jogaram as coisas da

'fulana' e da 'ciclana' no lixo. Posso ir até elas e pedir perdão?".
O gesto, que, por si só, já era lindo, despertou algo ainda mais
belo: um por um, os demais alunos o seguiram, formando uma
fila em frente à carteira das colegas. Humilhações e agressões
deram lugar a abraços e lágrimas. Todos nós choramos. Todos
nós nos transformamos.

nove.três

O que NÃO funciona na escola

Seguro antibullying

Recentemente, algumas escolas têm adquirido uma apólice
de seguro contra o bullying, na tentativa de se munirem de
mais um meio de proteção. O chamado *seguro antibullying*
arca com as despesas financeiras de uma possível indenização
a ser paga pela escola a um aluno vitimado, em obediência a
uma determinação judicial.

Entendemos que essa é uma estratégia legítima, desde que não
se torne a única a ser adotada pela escola. Além de adquirir o
seguro, a escola deve dar continuidade aos trabalhos de conscientização, prevenção e combate ao bullying.

Meu aluno está sofrendo ou praticando bullying: como devo proceder?

Subestimar o sofrimento

O aluno vítima de bullying precisa de apoio e acolhimento. Caso ignore ou subestime o sofrimento da vítima, o educador poderá ser visto por este como mais um agressor, o que culminará com a falta de iniciativa do aluno em buscar ajuda. Mesmo que você suspeite de exageros nos relatos da vítima, ouça-os com atenção e tome as providências necessárias para averiguar sua veracidade.

Oferecer uma ou duas palestras ocasionais aos pais sobre o tema

O bullying não é um tema que possa ser esclarecido em uma ou duas horas de fala de determinado especialista. A palestra deve ocorrer, sim, e é de grande importância para a prevenção de ações agressivas, mas não é tudo! É preciso que sejam realizados diferentes trabalhos para que se desenvolva uma cultura de paz entre os alunos e toda a comunidade escolar.

Isolar a vítima

Na tentativa de proteger a vítima, algumas escolas a isolam, o que acaba potencializando sua dor e vergonha, além de permitir mais uma punição: a separação dos amigos. Em Bristol, na Inglaterra, um menino de 12 anos foi perseguido por seus colegas por ser ruivo. A escola, numa equivocada tentativa de ajudá-lo, decidiu isolar o menino do convívio social (Moreira, 2012).

A própria escola acabou punindo o menino por ser diferente. Essa decisão não respeitou a criança agredida e não corrigiu o comportamento dos agressores. Infelizmente, ações como a citada ainda acontecem em escolas no mundo todo. Tem-se a impressão de que elas são dirigidas por administradores que não entendem nada de educação, psicologia ou que simplesmente não têm um mínimo de bom senso.

capítulo dez

Meu filho está sofrendo ou praticando bullying: o que eu faço?

Meu filho está sofrendo ou praticando bullying: o que eu faço?

dez.um
Como proceder com seu filho se ele é o agressor?

Nenhum pai ou mãe deseja enfrentar uma situação tão dura quanto essa. Todavia, ela pode ocorrer. Dessa forma, o nosso objetivo com este capítulo é ajudar você a proteger seu filho.

O primeiro passo em direção à resolução desse problema você já está dando: buscar informações e subsídios para ajudar seu filho da melhor forma possível. Mas, como você deve supor, este é só o primeiro passo. Há muitas outras dicas e estratégias práticas que você pode adotar no seu dia a dia.

Antes, é preciso que os pais se livrem de algo que costuma afligi-los: a culpa. Isso porque, diante de uma falha de nossos filhos, nos deparamos com os seguintes questionamentos: onde erramos e o que poderíamos fazer melhor?

Fique de olho

O agressor agride por alguma razão. É raro alguém agredir pela simples motivação de ver a dor do outro, o que seria indicativo de algum transtorno psicológico. Não é a esses casos (de transtornos psíquicos) que nos referimos aqui, mas, sim, à maioria deles, nos quais há uma razão implícita e oculta na agressão – o que pode nos auxiliar a descobrir o modo de ajudar a criança ou o adolescente que a comete.

Filhos não vêm com manual de instrução, e nós, quando nos tornamos mães e pais, não sabemos o caminho exato a seguir.

Certamente erramos, mas é na tentativa de acertar e fazer o melhor. Portanto, tire seu foco do passado e busque aquilo que pode ser feito no presente.

Convidamos você, pai ou mãe de um agressor, a verificar as orientações a seguir:

- Uma dificuldade recorrente na geração atual é a baixa tolerância à frustração. Talvez por darmos a nossos filhos tudo o que não tivemos em nossa infância e adolescência, acabamos excedendo os limites dos "mimos saudáveis". Futuramente, quando forem jovens, eles, diante dos "nãos" típicos da idade, como uma vaga de emprego negada, um fora de um(a) pretendente ou um "chega pra lá" de um amigo, não saberão como agir. Dessa maneira, em meio a situações que oferecem risco à sua sobrevivência (tanto emocional como literalmente), nossos futuros adultos externalizam seus instintos mais primitivos sobre as pessoas próximas a ele. Nossa dica é a seguinte: promova um treinamento de adiamento do prazer, ou seja, ensine-o a lidar com a frustração por não ter tudo o que quer. Faça-o compreender, na prática, que o mundo não gira ao seu redor! Se seu filho ainda é pequeno, comece com pequenos "nãos" aos pedidos mais simples, como um brinquedo ou um doce. Discipline-se para dar respostas negativas pelo menos algumas vezes ao dia e você perceberá o quanto vinha sendo conivente com todas as vontades de seu filho sem que se desse conta. É claro que os pais não fazem isso por maldade, pelo contrário: eles sempre querem ver os filhos satisfeitos e realizados. Mas, se você tem dificuldade de vê-lo sofrendo por não ganhar um chocolate no momento em que ele quer, imagine o quanto ele poderá vir a sofrer

Meu filho está sofrendo ou praticando bullying: o que eu faço?

no futuro ao se deparar com pessoas que nem sempre serão tão amorosas quanto você. Se você acredita que seu filho já é maduro o suficiente para compreender isso, reserve um tempo especial, num lugar calmo e privado, para explicar a ele um pouco das dificuldades da vida. Mostre a necessidade de se aprender a lidar com a frustação e combine, de forma clara, que, a partir dessa conversa, você irá retomar esse aprendizado com ele, o que significa que irá negar-lhe algumas coisas. Demonstre verbalmente (muitos adolescentes não entendem o que está nas "entrelinhas") que isso não significa que você quer vê-lo sofrer ou que está sendo um pai (ou mãe) ruim, mas sim que está preparando-o para o futuro. Lembre-se, ainda, de pedir a ele que mencione todas as sensações e discordâncias que ele provavelmente terá. Isso evitará que ele compense sua raiva descontando em outra pessoa, como um colega de sala mais frágil, por exemplo. O diálogo é sempre a melhor opção no trato com adolescentes.

- Dedique diária ou semanalmente (conforme suas possibilidades) um tempo para estar a sós com seu filho. A intenção disso é percebê-lo melhor, sentir suas inseguranças, seus medos e suas expectativas. Vale ressaltar que, para isso, você não precisa fazer inúmeras perguntas, como em um inquérito policial. Apenas esteja disponível caso ele deseje falar. Aos poucos, vocês desenvolverão intimidade, cumplicidade e carinho um pelo outro. Comece compartilhando algo; logo, ele também o fará!

- Geralmente, agressores são líderes natos, ditando tendências dentro dos grupos aos quais pertencem. Perceba os interesses de seu filho e incentive-o a usar essa liderança para o bem. Ele pode, por exemplo, ser referência nas artes plásticas, na música, na dança, na literatura, nos esportes etc. Seja qual for a área de interesse dele, incentive-o. Se for possível, matricule-o em uma escola especializada e o presenteie com revistas e livros sobre os assuntos dos quais ele gosta. Além disso, demonstre verbalmente sua aprovação em relação às atividades que ele possa vir a desenvolver e perceba seus menores avanços. O elogio é, aliás, algo que merece ser tratado aqui.

- Seu filho tem agredido outras crianças ou adolescentes? Você pode e deve puni-lo, sim! Mas, atenção: a punição não é tudo! Embora parte importante e essencial do processo, o ato de punir não é só uma atitude educativa. Muitas vezes, a criança só deixa de agir de forma errada na presença do punidor, mas, na ausência deste, faz exatamente o contrário. Imputar um preço por algo errado não garante, necessariamente, a aprendizagem do que é correto. Aprendizagem requer tempo, paciência e muito diálogo.

- O tipo de punição também deve ser analisado anteriormente pelos pais. Segundo os

> **Fica a dica #**
>
> O **elogio** é o alimento da alma. Elogie seu filho! Mas faça isso do jeito certo. Elogie os comportamentos saudáveis, as atitudes, o esforço e a persistência de seu filho em vez de sua inteligência ou beleza. Os valores que se deve elogiar são aqueles que você gostaria que seu filho desenvolvesse. É mais interessante elogiar a solidariedade do que a inteligência; a alegria do que a beleza; a empatia do que a esperteza; a persistência do que a vitória.

Meu filho está sofrendo ou praticando bullying: o que eu faço?

princípios da análise do comportamento[i], a punição pode ser dividida em dois tipos: punição positiva e punição negativa. A punição positiva consiste em "dar" ao sujeito uma consequência que seja aversiva para o seu comportamento, a fim de diminuir a sua frequência. Ou seja, cada vez que seu filho agredir um colega na escola, por exemplo, você lhe dará uma bronca. A bronca é uma consequência aversiva ao comportamento de agredir ao colega; espera-se que ela seja capaz de impedir que ele volte a agredir o colega. Essa é uma estratégia pouco funcional na mudança efetiva do comportamento de seu filho, pois produz efeitos emocionais deletérios sobre a criança. Pior ainda seria bater na criança ou no adolescente, pois, além dessa atitude ser proibida em nosso país, seus efeitos são muito negativos para a autoestima, a autoimagem e a saúde emocional. Por outro lado, a punição negativa seria a retirada de algo que seja importante para ele – isto é, tirar do alcance de seu filho, por um determinado tempo, algo de que ele goste muito toda vez que se comportar agressivamente. Agindo assim, nós, pais, estamos privando-o do prazer que essa atividade ou objeto lhe proporciona. Mas fique atento a um detalhe: a retirada dessa atividade ou objeto não deve ser entendida como uma "sentença de morte". Não ameace seu filho, dizendo que o deixará sem *video game*, por exemplo, pelo resto do ano. Isso é tempo demais na vida de uma criança. Seja coerente, mas, se prometer algo, cumpra! Outra orientação: combine previamente com seu filho a consequência que ele terá caso o desobedeça. Castigos-surpresa são, na maioria das vezes,

---

i Segundo Tourinho (1999), trata-se da área mais ampla da prática behaviorista, cujas subáreas são o behaviorismo radical, a análise experimental do comportamento e a análise aplicada do comportamento.

injustos. Castigos previamente combinados com a criança são mais bem aceitos e muito mais educativos.

- Parte dessa aprendizagem diz respeito a valores. Em determinado momento, por razões diversas, alguns deles podem ter sido trabalhados de forma insuficiente com seu filho. Isso pode ocorrer com qualquer um: basta ser pai ou mãe para a pessoa estar sujeita a equívocos. A vida, por vezes, nos requer mais do que somos capazes de fazer. Portanto, não considere nada do que é dito aqui como julgamento ou crítica ao seu desempenho parental. Você faz o seu melhor e nós queremos, por meio da educação e da psicologia, ajudá-lo a ser ainda melhor. Valores como respeito às diferenças, solidariedade, tolerância, ética e cooperação devem ser trabalhados com a criança ou com o adolescente agressor. Isso pode ser feito de diversas maneiras durante o dia a dia da família – principalmente por meio do exemplo dos pais. Pare o carro para um idoso atravessar a rua quando seu filho estiver com você; devolva o troco que veio a mais no mercado; ajude um cego a subir as escadas do prédio onde vocês moram; seja gentil no trânsito; cumprimente os garis, os cobradores de ônibus, o segurança do banco etc. Além disso, é importante verbalizar a sensação que essas ações lhe dão, ou seja, falar sobre a satisfação que é ajudar o outro. Costume fazer o exercício mental de imaginar, com seu filho, como se sentiram as pessoas que vocês ajudaram. Também é importante não emitir, perto dele, palavras de reprovação a pessoas com características diferentes, tais como mendigos, prostitutas, membros de determinado grupo étnico ou pessoas tatuadas etc. Isso não significa que você precisa elogiá-las ou incentivar seu filho a ser igual a elas. Apenas mantenha uma atitude de

Meu filho está sofrendo ou praticando bullying: o que eu faço?

respeito e, caso seu filho diga algo negativo sobre elas, deixe claro que não se deve julgar os outros por serem, de alguma forma, diferentes.

- A agressão feita por seu filho pode ainda ser fruto de uma reação de revolta a alguma agressão que ele mesmo possa estar sofrendo. Em alguns casos, a criança ou o adolescente reproduz a violência sofrida por ele com alguém que considere mais frágil, assim como ele é diante de seu agressor. Havendo essa suspeita, o ideal é que seu filho seja encaminhado a um psicólogo o mais breve possível, o que possibilitará que ele fale com alguém que é neutro sobre o que está havendo.

- Não esqueça que uma criança ou adolescente agressor é uma pessoa maravilhosa que está agindo de forma errada momentaneamente. Tendo isso em mente, procure agir de forma coerente e orientar seu filho a ser uma pessoa cada vez melhor. Faça-o ter noção de que ser uma pessoa de bem não é uma possibilidade, mas, sim, uma obrigação. Isso deve estar sempre muito claro.

Não é fácil para um pai descobrir que o próprio filho faz parte de um grupo de agressores. Geralmente, também não é fácil decidir o que fazer diante de uma situação como essa. Como deveríamos agir? O depoimento a seguir nos ajudará a pensar em possíveis caminhos:

Em Curitiba, a psicóloga, escritora e âncora do programa de rádio *Light News*, Maria Rafart, passou por uma situação difícil e agiu com muita sabedoria, apesar de o bullying ainda não ser tão explorado pela mídia na época. A postura que ela teve como mãe pode servir de referência para outros pais. Segue o depoimento:

Um par de tênis falsificado

Minha filha estudava em uma escola particular e, quando tinha aproximadamente 12 anos, chegou em casa após a aula e me contou que ela e alguns amigos tinham visto uma colega com um tênis Nike Shox falsificado. Ela e seus amigos confrontaram, então, a garota, fazendo-a chorar. Senti que minha filha não tinha percebido o mal que tinha feito à colega de classe, pois, quando perguntei por que ela havia a confrontado daquela maneira, ela disse: "porque o tênis dela é falsificado". Em seguida, falei com minha filha sobre como sua colega possivelmente se sentiu naquele momento. Além disso, alertei-a sobre a possibilidade de a família da garota não ter condições de lhe comprar um tênis original. Adquirir um produto falsificado não poderia, portanto, justificar as agressões que ela recebera. Tentei fazer com que minha filha se pusesse no lugar da colega. Quando isso aconteceu, ou seja, quando ela percebeu que tinha sido injusta, propus que pedisse desculpas à garota e que falasse com os agressores do dia anterior para que também se desculpassem. Ao chegar em casa, ela me relatou que havia cumprido o combinado: pediu desculpas à colega e falou com os amigos sobre o quanto haviam sido injustos com ela, mas, segundo minha filha, isso não adiantou, pois nenhum deles se desculpou.

Meu filho está sofrendo ou praticando bullying: o que eu faço?

O depoimento da Maria Rafart mostra o que todos os pais deveriam fazer: orientar seus filhos a pedirem desculpas por seus erros e a serem proativos, convencendo os demais agressores a fazerem o mesmo, uma vez que a paz deve ser compartilhada e incentivada por todos. Não basta mandarmos nossos filhos para uma boa escola. Acompanhá-los na construção de valores e princípios éticos é nossa obrigação como pais. O fato de nenhum outro colega da garota do depoimento ter seguido a recomendação de pedir desculpa não tira a validade do gesto, que findou servindo como fator de reflexão para os que não tiveram a coragem de fazê-lo.

dez.dois

Como ajudar seu filho se ele é vítima?

- A melhor defesa contra as agressões praticadas pelos *bullies* é a assertividade. Essa ação consiste em falar ao outro o que você sente e pensa sem magoá-lo, atacá-lo, feri-lo ou causar constrangimentos desnecessários. É falar sem interpretar a atitude do outro, mas apontá-la como sendo o problema da situação. Em resumo, é atacar o problema sem atacar a pessoa. Explique a seu filho que, algumas vezes, precisamos nos acalmar antes de agirmos. Dar uma saidinha, "esfriar a cabeça" e até conversar com outra pessoa a respeito (um amigo, por exemplo) são boas opções de atividades a serem feitas antes de nos posicionarmos a respeito das agressões ocorridas.

Meu filho está sofrendo ou praticando bullying: o que eu faço?

Claro que ser educado parece não dar resultado contra o agressor; no entanto, quando a criança é assertiva, algumas mudanças ocorrem:

1. O agressor fica ciente acerca do incômodo que causa.

2. O agressor não é agredido, portanto não pode se justificar dizendo que a vítima também faz o mesmo que ele.

3. A vítima se posiciona ao invés de esperar um adulto agir em sua defesa. Isso traz a ela um sentimento de independência.

4. Trata-se do primeiro passo para a solução do problema. Depois da fala assertiva, a criança ou adolescente deve avisar o agressor que irá pedir ajuda à professora ou à direção da escola caso ele continue com as ações de bullying. Obviamente, as ameaças tenderão a aumentar. Além disso, se os adultos não intervirem, de fato aumentarão. Por isso, contar com a ajuda de um adulto é essencial.

5. Quando o agressor parar com suas agressões, a vítima sentirá que colaborou para a solução do problema, mesmo que, em grande parte, os adultos tenham resolvido a situação. Isso é importante para a autoestima da criança ou do adolescente, pois, se os adultos sempre resolverem todos os seus conflitos, ela(e) poderá se sentir dependente e incompetente.

6. O fortalecimento da personalidade de uma criança ocorre quando ela aprende a se posicionar pela palavra, demonstrando sua opinião, e a lutar pelo que acha justo. A inércia e a apatia não ajudam a desenvolver uma personalidade coerente e, infelizmente, crianças apáticas são vítimas fáceis do

bullying, pois permitem que o(s) agressor(es) acredite(m) que ficará(ão) impune(s).

dez.três
Personalidade, o melhor escudo

Todo mundo diz que a melhor defesa é o ataque. Isso não vale para o bullying. Nesse caso, é melhor que a criança saiba se defender ao invés de atacar, pois, se ela revidar, as agressões poderão se tornar ainda mais frequentes. Entretanto, não fazer absolutamente nada é o mesmo que enviar ao agressor uma mensagem de permissão para que ele continue agindo de maneira imoral. É preciso reagir, mas de forma adequada e sábia. Uma criança com personalidade fortalecida consegue ter a coragem necessária para esse tipo de reação que estamos propondo. Considerando isso, você precisa saber duas coisas: 1) o que é personalidade e 2) como reagir.

Personalidade é o conjunto de posturas que uma pessoa tem perante o mundo e as diversas situações da vida. É a sua forma de falar, reagir e de se manifestar em relação às pessoas. Resumindo, é o seu jeito de ser, o conjunto das peculiaridades que a tornam única, diferente das outras pessoas.

Carl Jung, fundador da psicologia analítica, aprofunda o conceito de *personalidade* (Jung, 2011): as duas funções principais de uma *persona* são: comunicação e representação. Comunicação é tudo aquilo que a pessoa fala a respeito de si

Meu filho está sofrendo ou praticando bullying: o que eu faço?

mesma, suas opiniões, seus sonhos, desejos, medos, suas alegrias e tristezas. Representação é a forma como ela se apresenta às pessoas. Alguns são mais extrovertidos, outros, mais reservados. Uns são metódicos, outros, intuitivos. A união dessas duas funções – comunicação e representação – forma o conceito de personalidade.

Toque a +

A palavra *personalidade* tem origem no termo *persona*, que significa **máscara**. Antigamente, na Grécia antiga, algumas máscaras usadas em peças de teatro possuíam um pequeno orifício na boca para que o som pudesse se propagar e atingir os espectadores mais distantes. Esse buraco era feito, portanto, **para soar** (*per sona*). Dessa forma, por praticidade, a máscara que possuía buraquinhos para permitir a propagação do som passou a ser conhecida como **per sona**.

Se a pessoa tem uma personalidade fraca, ela se transforma facilmente em um "maria vai com as outras", submetendo-se aos desejos e ordens de qualquer um que lhe pareça superior. Isso, vale ressaltar, é um "prato cheio" para os agressores, que costumam ordenar que a vítima faça o que eles desejam.

Quando uma pessoa tem personalidade forte, ela sabe manifestar sua opinião com segurança. Além disso, por acreditar em suas próprias ideias, ela as defende com vigor e firmeza, o que faz com que os outros a respeitem. Essas atitudes são o escudo necessário contra o(s) ataque(s) do(s) agressor(es)!

Mas, afinal, como fortalecer a personalidade de uma criança ou adolescente? Para fortalecer esse "escudo", os pais devem sempre solicitar aos seus filhos que digam o que pensam e que defendam seus pontos de vista, por mais que as decisões finais caibam aos pais. Filhos que só obedecem, calados, não aprendem a defender suas opiniões e se tornam vítimas fáceis de manipuladores, já que, inconscientemente, veem o outro como superior a eles.

Crédito: © Elnur/Fotolia

Dessa forma, não é saudável proibir a criança ou o adolescente de falar diante da autoridade dos pais ou de reclamar antes de obedecer. Ela(e) deve ser incentivada(o) a falar, a dizer o que pensa e até mesmo a criticar as decisões dos pais, ainda que os obedeça. Agindo dessa forma, os pais ensinam seus filhos a opinarem com educação, sem agressividade ou teimosia, assumindo seus pontos de vista. A coragem de falar e de se posicionar diante do mundo é uma construção que se fortalece por meio das experiências pessoais.

Entretanto, contra o bullying é preciso ter não apenas coragem, mas formular uma estratégia. Agir sem pensar é um grande erro, tanto quanto não agir. A seguir, iremos sugerir alguns passos para que a vítima possa se defender sem criar mais problemas para si – ou seja, saiba como reagir. Trata-se de uma sequência de procedimentos centrados na ação da vítima, que objetivam torná-la agente do processo de solução, e não apenas espectadora. Esses passos foram inspirados nas técnicas da mediação de conflitos (Vezzulla, 1998)[ii] e nos conceitos

---

ii Juan Carlos Vezzulla é cofundador dos Institutos de Mediação e Arbitragem do Brasil e de Portugal (Imab e Imap).

Meu filho está sofrendo ou praticando bullying: o que eu faço?

psicológicos de assertividade e de construção da identidade. Salientamos, entretanto, que estes carecem de pesquisas mais aprofundadas a fim de que possam se tornar recomendações úteis para todos os casos.

1. Avise o agressor de que você não gostou ou não está gostando do que ele fez ou está fazendo. Fale com clareza, sem ofendê-lo, mas diga o que lhe incomoda. A decisão de pedir desculpas é do agressor e não deve ser uma imposição sua.

2. Se o agressor não parar com as ações, fale novamente que não gostou/não está gostando das agressões e diga que, se ele continuar a realizá-las, você irá pedir ajuda do professor ou de outro responsável na escola. Se o agressor perguntar se está sendo ameaçado, responda que as atitudes dele é que são uma ameaça a você.

3. Se o professor ou os responsáveis pela escola não tomarem uma atitude que encerre os atos de bullying contra você, peça aos seus pais que venham até a escola e, em conjunto com a direção, tomem decisões para resolver a situação. Muitas vezes, a direção ou os professores até agem, mas o agressor está tão decidido a continuar suas provocações que algo ainda mais severo deve ser feito. Nesses casos, os pais dos agressores devem ser chamados para que tomem atitudes educativas mais eficazes.

4. Se nada disso resolver, o conselho tutelar ou até mesmo a polícia deve ser acionada(o). Em caso de bullying pela internet, deve-se ir a um cartório e solicitar uma ata notarial que registre as agressões, o que servirá como prova judicial em caso de solicitação de indenização por danos morais ou apenas para que o agressor receba a punição necessária, já que as correções e orientações não foram levadas a sério.

5 Somente em último caso deve-se mudar a vítima de escola, uma vez que todas as agressões podem ser reiniciadas nesse novo ambiente por meio de outros agressores. Entretanto, caso o grupo de agressores seja grande e as atitudes da escola não surtam efeito, é recomendada a mudança de escola de forma imediata, para que não se venha a desgastar a criança.

Sabemos que, para uma mãe ou um pai, é extremamente difícil não agir em defesa dos filhos. Não iremos orientá-lo a abandoná-los à mercê da sorte, mas ousamos sugerir que procurem deixá-los agir por si mesmos com base nos valores e ensinamentos que vocês lhes transmitiram previamente (assertividade, argumentação, valor pessoal etc). Intervenham somente quando os limites do aceitável forem ultrapassados.

> **Fica a dica** #
>
> **Lembre-se**: o objetivo nunca é punir o agressor, e sim educá-lo. Embora ele seja alguém que está agredindo seu filho, procure vê-lo como uma criança ou adolescente com grandes possibilidades de se tornar uma pessoa maravilhosa – mas que, no momento, está precisando de ajuda.

Diante da demanda de trabalho atual, conviver com os filhos de forma sadia tem sido um dos maiores desafios dos pais. As mães, que, há algumas décadas, dedicavam-se exclusivamente à criação das crianças e aos cuidados com a casa, hoje têm de contribuir para a renda familiar, saindo diariamente para trabalhar fora. Muitas atividades do dia a dia da criança ou do adolescente já não são mais acompanhadas pelo pai ou pela mãe. A simples realização de uma tarefa escolar, por exemplo, pode ajudar na observação de dificuldades não só de aprendizagem, mas, também, de relacionamento com os colegas ou professores. É um momento em que, tendo a tarefa como foco principal,

Meu filho está sofrendo ou praticando bullying: o que eu faço?

pode-se perguntar um pouco mais à criança ou adolescente sobre o período que ela passa na escola, seja nas aulas, seja no recreio. Se, com frequência, seus objetos pessoais aparecem danificados, por exemplo, isso é sinal de que algo não vai bem.

Infelizmente, ao delegarem a responsabilidade por esses momentos, os pais perdem a oportunidade de garantir o bem-estar dos filhos. Portanto, aconselhamos você, pai ou mãe, a esforçar-se ao máximo para ter um tempo de qualidade com seu(s) rebento(s). Os frutos disso serão colhidos por toda a vida!

Segue o relato de um caso real para elucidar a postura dos pais diante de uma situação de bullying:

Filho, não desista!

(Depoimento do autor sobre seu filho, Martin B. Meier)

Quando meu filho estava na 5ª série, aos 11 anos de idade, ele decidiu frequentar uma escolinha de basquete. Queria aprender esse esporte, já que era um dos mais altos de sua turma. Mas ser alto não era tudo. Ele era muito magro e, como não praticava nenhum tipo de esporte, ainda não tinha a força física necessária para jogar basquete. Seus colegas logo perceberam sua fraqueza e tiravam vantagem disso nos treinos. Esse problema, todavia, poderia ter sido visto como algo pequeno, já que o garoto estava treinando e, logo, se desenvolveria fisicamente e poderia ser um bom jogador. No entanto, as coisas não foram tão fáceis. Os colegas começaram a praticar bullying contra ele. Todos os dias ele voltava triste do treinamento, pois tinha sido alvo de gozações, apelidos, provocações e empurrões. Alguns dos agressores gostavam de vê-lo cair ao ser empurrado, sendo que isso acontecia em quase todos os treinos, bem como antes e depois dessas atividades. O ápice da maldade aconteceu quando o treinador decidiu formar dois times, delegando essa atividade para os capitães, que deveriam escolher os jogadores que estariam em cada equipe. Meu filho já sabia que seria o último a ser escolhido, mas isso não teria sido um problema. Todavia, as crianças sabem ser realmente maldosas quando querem. E foram. Quando o Martin "sobrou" para a equipe B, imediatamente a equipe A gritou, em coro uníssono: "O Martin é de vocês! O Martin é de vocês!". O som reverberava dentro do enorme ginásio. Quando meu filho chegou em casa, seu rosto evidenciava o choro, a dor e uma infrutífera tentativa de ocultar o sofrimento. Fui, então, conversar com ele. Toda a história foi contada em detalhes, entrecortada apenas com os "nós" na garganta de Martin, que insistiam em aparecer. Ao fim do relato, abracei-o e disse que o compreendia e que o valor que ele tinha para mim e para as pessoas que o amavam era superior a qualquer agressão. Além disso, eu disse a ele o seguinte: "Filho, você pode desistir do basquete, ninguém vai cobrar isso de você. Não vou censurá-lo. Mas a vitória seria deles. Você não precisa ser o melhor jogador, nem precisa acertar sempre. Você está aprendendo e tem o direito de errar e de ser como é. Se você decidir continuar, não será fácil, mas essa situação ensinará a você que desistir não deve ser uma opção na vida". Felizmente, ele decidiu pelo mais difícil e não desistiu das aulas de basquete. Logo, passou a jogar um pouco melhor e as gozações diminuíram. Mais tarde, aos 17 anos de idade, enquanto estava num intercâmbio na Alemanha, Martin foi convidado a ajudar a equipe de basquete da escola, que estava participando de um campeonato municipal. Sobre isso, ele

Meu filho está sofrendo ou praticando bullying: o que eu faço?

disse o seguinte: "Era minha primeira participação na equipe, e ajudei-os a vencer aquele jogo e a avançar. Não ganhamos o campeonato, mas fui o cestinha. Na época, uma manchete de jornal dizia o seguinte: 'Brasileiro arremessa o time para a segunda vitória[iii]'. Outro fato interessante é que, dos colegas que treinavam comigo no início (5ª e 6ª séries), poucos foram os que continuaram até o ensino médio. Praticamente todos os que tiravam sarro de mim deixaram o basquete pelo caminho. Por outro lado, eu fui ganhando espaço pouco a pouco, passando de 'reserva do reserva' a titular. Tudo ocorreu lentamente. Não apenas pelo fato de os outros terem largado o esporte, mas, também, pela minha melhora contínua e persistência. Não lembrava mais que o bullying tinha sido tão forte. Acho que, depois de um tempo, aprendi a rir com eles e a não me comparar. Eu só me comparava comigo mesmo, com o meu crescimento". No dia em que ele me contou de sua vitória no basquete, chorei. Não apenas pelo reconhecimento que o jornal local deu à participação dele no jogo, mas principalmente pela virada que meu filho deu à sua história de vida.

---

iii Jornal alemão *Ruhr Nachrichten*, da cidade de Lünen; a notícia foi publicada no dia 22 de fevereiro de 2006.

O que NÃO funciona com os filhos:

- Não adianta colocar seu filho para aprender a lutar *jiu-jítsu*, caratê ou outra arte marcial como solução para a inércia ou para a falta de firmeza contra o agressor. Repetimos: a melhor defesa é a palavra. As formas mais primitivas de defesa são altamente agressivas, em que se usa a força física, brutal. Com o desenvolvimento humano, as pessoas foram aprendendo a substituir a violência e a agressão pelo diálogo. E é exatamente esse o caminho que uma criança ou adolescente deve seguir para se livrar de seu agressor. Pode não parecer uma atitude eficiente, mas conversar é o começo. Reagir pela fala é saudável, pela agressão, não.

- Ensinar seu filho a revidar é a pior das estratégias – o vulgo "bateu, levou". Se o mundo seguisse essa premissa, estaria, certamente, mais destruído do que já está. Quando incentivamos nossos filhos a devolver a agressão, estamos transmitindo a eles a seguinte mensagem: "Filho, sempre que lhe fizerem algum mal, devolva na mesma moeda". E é exatamente isso que eles farão para resolver todos os problemas que a vida lhes apresentar, tanto na escola do bairro onde moram quanto nas empresas nas quais irão trabalhar. Em outras palavras, ao ensinar essa premissa ao seu filho, você estará criando-o para um ringue, e não para a vida!

- Se seu filho tem sido vítima de cyberbullying, não "tire" seu telefone celular nem o impeça de usar a internet. Isso poderia ser outro tipo de agressão a ele.

- Tirar satisfação com o agressor na escola ou em sua própria casa não traz bons resultados. Nós, pais, fazemos o possível

Meu filho está sofrendo ou praticando bullying: o que eu faço?

e o impossível para ver nossos filhos bem e, quando algo os incomoda, é natural que viremos verdadeiros "leões" e "leoas" para protegê-los dos possíveis "predadores". Mas lembre-se da nossa orientação: estimule o seu filho a reagir sempre pela palavra. Ir atrás do suposto agressor não trará a solução do problema. Muito pelo contrário, provavelmente lhe trará outros problemas. Há casos em que as agressões aumentam tanto em quantidade quanto em intensidade após o agressor ser ameaçado pelos pais da vítima. Isso ocorre porque essa ameaça denigre sua imagem perante os outros alunos ou perante a família.

Se optar pelo confronto, no instante seguinte a ele, você poderá sentir uma enorme satisfação e a sensação de "alma lavada", mas, acredite, isso não resolve o problema do seu filho. Sua atitude de vingança pode envergonhá-lo ainda mais perante os colegas e professores, pois ele se sentirá incapaz de resolver as próprias dificuldades, especialmente se for um adolescente.

Além disso, seu filho poderá levar por toda a vida a mensagem recebida por essa sua atitude, a saber: "Pode deixar, filhinho, que mamãe (ou papai) resolve tudo pra você!". Isso pode se tornar um problema imenso na vida do adulto, alimentando uma dependência afetiva dos pais para a tomada de certas decisões, como aceitar um novo emprego, casar-se ou comprar uma casa. Não obstante, essa postura dos pais pode acarretar uma dependência financeira, numa espécie de autorização velada para que o filho assuma compromissos que não será capaz de cumprir sozinho, já que os pais estarão sempre ali para "socorrê-lo".

Antes de tudo, você deve se acalmar para tomar suas decisões de forma sábia. Depois, é aconselhável ir até as autoridades responsáveis na escola, relatar o ocorrido e participar das atitudes reparadoras dos atos de agressão.

- Mudar imediatamente o filho de escola é outra atitude comum entre os pais de vítimas, que pode, no entanto, se converter em mais uma punição ao invés de solucionar o problema. Imagine que, além da agressão vivida, ele será "arrancado" do ambiente que já lhe é familiar, perdendo seus amigos, professores e tendo de se adaptar a uma nova escola, a novos amigos e professores. Isso seria aumentar a exclusão de uma criança que já se sente suficientemente excluída. Obviamente, há casos extremos, nos quais a vida do aluno vitimado está em risco. Nessas circunstâncias, a transferência de escola deve ser uma das alternativas. Mesmo que a criança queira permanecer na escola, deve-se explicar a ela o motivo da mudança.

- Jamais culpe seu filho pela agressão recebida, verbalizando sua revolta por meio de palavras pejorativas, como "molenga", "fracote" e "banana", entre outras. Isso apenas irá fazê-lo sentir-se ainda mais inferior e, consequentemente, mais vulnerável aos ataques.

- Outra estratégia que só piora tudo é não dar a devida importância ao fato. Na maioria das vezes, quando a criança ou adolescente conta aos pais o que está acontecendo é porque já houve mais de uma agressão – sendo que, antes, no entanto, a vítima teve vergonha de dizer aos pais por se sentir culpada.

capítulo onze

Blá-blá-blás: mitos sobre o bullying

Blá-blá-blás: mitos sobre o bullying

Sofri bullying e isso me deixou mais forte. Foi bom eu ter passado por isso.

O bullying não deixa ninguém mais forte, nem mais capaz nem mais feliz. O bullying destrói a autoestima. Se você se tornou mais forte é porque alguém o apoiou, o amou e investiu tempo em você, seja essa pessoa seu pai, sua mãe, um amigo especial ou seu terapeuta. A impressão de que foi bom ter passado por isso é equivocada, pois o que realmente valeu a pena foi a solidariedade, o apoio, o carinho, as conversas, as reflexões e a certeza de que você não estava sozinho nos momentos difíceis pelos quais passou. A própria afirmação de que o bullying fortalece é, por si só, uma espécie de defesa, uma tentativa de justificar um tempo que não foi bom, já que a vítima recorre à chamada "síndrome de Poliana", ou seja, sucumbe à tentação de acreditar que mesmo as piores coisas sempre acabam trazendo benefícios. Cuidado com isso! Não precisamos negar o que foi ruim para estarmos bem hoje; muito pelo contrário, é por meio do reconhecimento do nosso passado, sem usar qualquer tipo de máscara, que conseguimos lidar bem com o presente. Se algo foi ruim, foi. Você não precisa pintar de rosa uma memória negativa. Apenas deixe o passado no passado e siga em frente! Apesar de muito conhecida, vale relembrar a frase do filósofo Jean-Paul Sartre: "Não importa o que a vida fez de você, mas o que você faz com aquilo que a vida fez de você".

Os efeitos do bullying podem até não terem sido perceptíveis para você, mas alguém o ajudou a superá-los para que isso não pareça mais ser visível. Ninguém passa por agressões sistemáticas sem ser afetado por elas. O que provavelmente aconteceu foi o seguinte: pessoas que amavam você tiveram a sabedoria de fortalecer sua autoestima e o orientaram a não dar um valor demasiado às agressões. Como consequência, você acabou esquecendo esse passado ou incorporando-o de forma positiva.

O bullying que eu sofri não teve efeito nenhum sobre mim, portanto não preciso levar isso tão a sério.

Isso é uma frescura moderna. Na minha época, todo mundo sofria ou praticava bullying e os adultos nem se importavam com isso, pois sabiam que essa fase logo iria passar.

Não havia pesquisas sobre as consequências do bullying naquela época para servirem de alerta aos pais e professores. Portanto, não podemos afirmar se nossos bisavós, avós e até mesmo pais foram marcados por agressões que hoje têm nome.

Blá-blá-blás: mitos sobre o bullying

Isso é só uma fase; logo passa.

Agressões não são fases: são agressões. E precisam ser combatidas, evitadas, diminuídas e eliminadas das escolas. A fase em que o bullying fica mais evidente é no começo da adolescência, coincidindo com a busca do adolescente pela afirmação de sua personalidade e individualidade. Esse período é marcado por uma forte formação de vínculos com seus pares. Sem uma orientação adequada, o adolescente passa a nutrir comportamentos de exclusão e atitudes preconceituosas contra qualquer um que não pertença ao seu grupo. Muitos professores nos têm relatado que o bullying aparece com mais frequência em crianças e adolescentes que não recebem a orientação e o acompanhamento adulto adequados. Portanto, o bullying não é uma característica dessa fase. Ele é causado pela falta de orientação.

Meu tio sofreu bullying e chegou a se tornar capitão do Exército.

De forma irônica, poderíamos dizer que, sem o bullying, ele poderia ter chegado a general. Nenhum sucesso pode justificar o erro. O bullying é um comportamento inaceitável, errado, não construtivo e deve ser sempre combatido pela sociedade. Considerar que os efeitos do bullying em determinada pessoa foram nulos é minimizar os efeitos da agressão. Além disso, quem sofreu bullying pode ter sequelas inconscientes, que podem, sim, ter prejudicado a obtenção de um sucesso ainda maior.

O bullying só existe porque a criança já tem algum tipo de problema, pois permite os ataques e não reage a eles.

Apesar de conhecermos alguns casos em que a vítima reagiu e conseguiu parar as agressões, normalmente a reação piora a situação. Ninguém "permite" algo que não é desejado ou solicitado. Quando a vítima é ameaçada, ela fica com tanto medo que a ausência de reação não é planejada, mas, sim, o resultado de uma forte convicção de que "devolver" as agressões pioraria a situação. Trata-se de um ato de defesa, e não de apatia ou fraqueza.

Muitas crianças "pedem" para ser vítimas, pois provocam o agressor.

É verdade que algumas crianças provocam o agressor, pois não sabem medir a dimensão do contra-ataque nem prever corretamente as consequências de suas atitudes. Entretanto, isso não justifica o bullying nem o legitima. Não se resolve um problema criando outro. Se o agressor se sentir atingido, deve buscar soluções legítimas, sem agressividade, violência ou maldade.

Blá-blá-blás: mitos sobre o bullying

É melhor nem falar sobre bullying com os pais, pois estes podem achar que o filho está em perigo e tirá-lo da escola. A mídia está divulgando inúmeros casos de bullying e os pais já sabem que esse fenômeno existe e que nenhuma escola está imune a isso. Portanto, a melhor atitude é agir com transparência. Convidar os pais a irem até a escola para conversar a respeito do assunto e desenvolver, com eles, estratégias para incentivar a paz é, sim, uma atitude sensata por parte dos responsáveis pela instituição escolar. Com certeza, essa parceria renderá bons frutos!

Os pais do agressor são tão irresponsáveis quanto os filhos, por isso, não adianta chamar a família para conversar. O ideal é punir logo de uma vez! A maioria dos pais não sabe que o filho está envolvido com bullying, seja como agressor, seja como vítima. Normalmente, eles se surpreendem quando a escola os chama para conversar, pois não imaginavam que seus filhos pudessem ser agressivos. Concluir que essa atitude não trará benefícios é o mesmo que desistir de algo sem sequer tentar.

A lógica desse argumento assemelha-se à da seguinte afirmação: "Esgoto a céu aberto sempre existiu; não sei por que estão querendo acabar com isso agora". É óbvio que podemos erradicar o bullying, pois, hoje, há pesquisas que apontam métodos que podem ser empregados para esse fim. Antigamente, o fenômeno não tinha sequer nome.

> **O bullying sempre existiu. Não sei por que estão querendo acabar com isso agora.**

Normalmente, o bullying é realizado longe dos olhos dos adultos. O fato de as agressões não serem vistas não significa que elas não existam. Quando uma escola não promove nenhum tipo de ação antibullying, é provável que as agressões ocorram de maneira oculta. Ignorar isso é quase tão grave quanto compactuar com as agressões. Combater o bullying faz parte da nova demanda da educação.

> **Trabalho numa escola séria, onde não há bullying.**

> **Nossa escola é confessional, portanto os alunos têm valores. O bullying jamais entraria aqui.**

Nenhuma escola está livre do bullying, mas as que têm mais sucesso na erradicação dessa prática são aquelas que admitem essa possibilidade e estão sempre agindo de maneira proativa na construção de um ambiente saudável.

Blá-blá-blás: mitos sobre o bullying

Se a escola avisar o pai sobre as agressões que seu filho tem cometido, é possível que esse pai se exceda e bata muito no filho.

A possibilidade existe, mas os responsáveis pela escola não podem deixar de agir por medo. Além disso, eles devem deixar claro que o ato de bater numa criança ou adolescente é contra a lei e não ajuda na educação do agressor, podendo, inclusive, prejudicá-la de várias formas.

Crianças pequenas não têm maldade no coração e jamais praticariam bullying. Isso só acontece com crianças maiores.

A agressividade e a exclusão das crianças consideradas diferentes já aparecem na pré-escola. O comportamento solidário, carinhoso e respeitoso precisa ser ensinado, pois não nasce com o ser humano. A única coisa que trazemos conosco são instintos primitivos. Portanto, na pré-escola, devem ser observados possíveis casos de bullying. Em seguida, esse comportamento deve ser corrigido com sabedoria.

As consequências existem, mas podem ser reduzidas ou até mesmo eliminadas. O primeiro passo é se desfazer das mochilas que não pertencem a você. Isso mesmo! Pare de carregar sentimentos como mágoa e raiva. Isso não é seu! Se você foi humilhado ou rejeitado, quem deveria sentir remorso é a pessoa que lhe agrediu, e não você! Na época em que sofreu bullying, provavelmente você não dominava a ferramenta mais eficaz para combater essa prática: a argumentação. Então, para que sofrer com isso por mais tempo? Libere-se do passado: ele não volta e só poderá influenciar o seu presente se você permitir. Sabemos que não é fácil iniciar o processo de cura, mas isso é necessário para que você possa viver com mais leveza.

> Sofri bullying quando criança e terei de suportar as consequências pelo resto de minha vida.

capítulo doze

Influências socioculturais

Influências socioculturais

O comportamento humano é altamente modificado pela cultura. Uma atitude simples, como acariciar a cabeça de uma criança com a mão esquerda, é, para nós, brasileiros, um gesto de carinho. Entretanto, em países árabes, essa atitude pode ser considerada falta de respeito, pois a mão esquerda é considerada impura – historicamente, ela sempre foi vista como a usada para higiene pessoal, enquanto que a direita seria para a alimentação. Essas diferenças ocorrem porque temos histórias diferentes. O bullying também é influenciado pela cultura, o que faz com que a maneira como as pessoas se sentem e reagem diante dessa prática varie.

As reflexões a seguir são tentativas de se compreender o fenômeno sob a ótica de diferentes culturas. Elas carecem de pesquisas científicas, mas são úteis para que possamos conhecer o bullying para combatê-lo melhor.

doze.um
Japão [i]

No Japão, por exemplo, o índice de suicídios entre crianças e adolescentes é alarmante. Um dos fatores que contribuem para isso é o bullying, que lá é chamado de *Ijime*. No país, se uma criança diz ao pai que está sendo vítima de agressões por parte de seus colegas, a família tenta ajudar, mas sente vergonha de ter um filho supostamente fraco e covarde, que não os honra.

---

[i] As informações que embasaram este tópico estão disponíveis em: <http://www.ipcdigital.com/br/Noticias/Japao/Governo-do-Japao-lanca-novas-diretrizes-para-impedir-suicidios_29082012>.

Dessa maneira, as crianças que sofrem bullying no Japão não têm coragem de falar com os pais sobre o sofrimento pelo qual estão passando. Ficam, portanto, sem o apoio da família.

Como as regras escolares rígidas do país são difíceis de serem seguidas, há um intenso sentimento de inadequação por parte dos alunos. Assim, por não terem o apoio dos pais e sentirem que não pertencem de fato a algum grupo, as crianças e adolescentes japoneses acabam tendo pensamentos suicidas. Preocupado com o alto índice de suicídios no país, o governo japonês tem agido de maneira proativa para erradicar o bullying ou, pelo menos, diminuir drasticamente a ocorrência deste.

doze.dois

Estados Unidos da América

Diferentemente do que acontece no Japão, nos Estados Unidos, as vítimas de bullying em geral não cometem o suicídio sem que, antes, ajam com violência. Nesse país, é grande a incidência de agressões exacerbadas motivadas por vingança (Bullying, 2011). É por essa razão que há vários casos de adolescentes armados que invadem suas escolas e atiram em quem aparece pela frente. O alvo não é predeterminado, pois, para as vítimas, todos são culpados. A explicação para esse comportamento vem da forma como alguns valores culturais são construídos.

Por ser um país altamente competitivo, que valoriza a vitória e o sucesso, os Estados Unidos desprezam tudo que é contrário

Influências socioculturais

a isso. Esse fato explica, por exemplo, por que a palavra *perdedor* (em inglês, *loser*) soa tão pejorativa. Quando um grupo de alunos escolhe alguém como vítima de suas agressões, logo a chamam de "perdedora". Assim, ser amigo de uma vítima é ser perdedor também, sendo que isso faz com que a vítima fique totalmente sem amigos, já que estes a abandonam. Dessa forma, a vítima, além de sofrer muito com as agressões, também sofre pela exclusão.

Além disso, é comum que ela esconda dos pais o seu sofrimento, pois não deseja que eles descubram que têm um filho perdedor. Quando a dor fica gigantesca e as ideias de vingança tomam forma, o alvo da vítima de bullying não é apenas um agressor específico, mas, sim, todas as pessoas que a abandonaram. Isso ajuda a explicar alguns assassinatos a esmo que ocorreram naquele país.

doze.três
Brasil

No Brasil, diferentemente do Japão ou dos Estados Unidos, o comportamento social é muito valorizado. É comum a vítima receber o apoio de, pelo menos, um amigo que não a abandona. Isso faz o sofrimento ser um pouco mais suportável e não abre espaço para a autoagressão extrema (como o suicídio, no caso do Japão) nem para os surtos de assassinato. Diante disso, você deve estar se perguntando: Qual é a consequência mais frequente do bullying em nosso país? A resposta é: a depressão. Nossas vítimas de bullying sofrem caladas e desenvolvem um péssimo autoconceito e uma baixa autoestima.

Nesse contexto, as sequelas para quem passa a adolescência inteira sem se valorizar devidamente é entrar na vida adulta com medo de novos desafios, de assumir riscos ou até mesmo de realizar uma formação acadêmica mais aprofundada. A razão disso é que a vítima não acredita em si mesma. Com frequência, a vítima nutre pensamentos que insistem em lhe dizer que os outros são sempre melhores; que uma promoção na empresa deve ser dada ao colega de trabalho e não a ela; que uma vitória num concurso não é merecida; e que nenhuma pessoa se apaixonará por ela.

Em muitos casos, a autoestima é tão prejudicada que a vítima acaba ficando solteira (o que não é um problema desde que seja por decisão própria) ou aceita namorar a primeira pessoa que lhe aparece, o que pode resultar em uma experiência desastrosa e reforçar a ideia de que a vítima não possui valor algum.

doze.quatro
Assassinatos no Brasil[ii]

O "assassino do Realengo", como foi chamado o jovem Wellington Menezes de Oliveira, é um caso à parte na história do bullying no Brasil. O jovem entrou numa escola do bairro Realengo, na cidade do Rio de Janeiro, com duas pistolas e disparou contra alunos que estavam nas salas de aula, matando 12 deles. O crime ocorreu no dia 7 de abril de 2011. Muitos teóricos tentaram explicar o episódio, pois ocorrências

---

ii As informações que embasaram este tópico estão disponíveis em: <http://oglobo.globo. com/rio/wellington-menezes-era-vitima-de-bullying-nos-tempos-da-escola-2798927>.

desse tipo são mais frequentes em solo norte-americano. O que pode explicar esse fato? Avaliemos algumas características.

Foram diagnosticados traços de esquizofrenia no comportamento do assassino. Infelizmente, a mídia contribuiu para o aumento do preconceito contra pessoas com esquizofrenia. Todavia, ressaltamos: um esquizofrênico não é um assassino e não deve ser tratado como potencial assassino. Wellington, no caso, estava sem acompanhamento médico e não fazia uso dos medicamentos apropriados. Por isso, ele não tinha uma percepção clara da realidade, confundindo aspectos de seu interior com o mundo exterior. Vale mencionar que um esquizofrênico em tratamento pode ter vida normal, sem que a sua condição seja percebida.

O jovem vivia sozinho; não tinha amigos ou familiares. Essa condição coloca a pessoa num estado de total ausência de controle externo, ou seja, Wellington não tinha ninguém que apontasse suas dificuldades, que mostrasse a ele a necessidade da medicação e que o orientasse sobre o que podia ou não contribuir para que ele tivesse uma vida saudável.

Além disso, Wellington sofreu bullying na escola que frequentava durante a infância. Obviamente, o fato de ele ter sofrido agressões enquanto estudante não justifica os assassinatos que cometeu nem autoriza nenhum tipo de vingança, mas, numa mente doente e que não era devidamente tratada, essas agressões podem ter aberto espaço para sentimentos negativos.

Esse conjunto de fatores criou um contexto muito parecido com os dos assassinos norte-americanos, mas é importante ressaltar que o caso de Wellington foi uma exceção no Brasil. Além disso, pensamos que a mídia cometeu um erro: fotos do assassino foram divulgadas e chegaram até mesmo a estampar capas de revistas. Essa divulgação excessiva pode contribuir para que os futuros agressores desenvolvam um padrão comportamental, possibilitando novos casos semelhantes de assassinatos. É como se novos assassinos em potencial desejassem o mesmo espaço publicitário e a mesma divulgação de seus feitos. A divulgação do caso foi necessária, já que comoveu e traumatizou milhares de famílias, mas estampar a foto do assassino foi desnecessário e não contribuiu em nada para aliviar a dor dos familiares e amigos das vítimas.

Após tudo isso, houve no Brasil uma maior discussão e divulgação sobre o bullying e suas possíveis consequências. Muitas escolas que ainda não haviam tomado nenhuma atitude proativa para combater comportamentos agressivos e humilhantes passaram a se preocupar e a trazer as discussões sobre o bullying para a sala de aula. Houve ganhos, mesmo que, infelizmente, às custas de uma situação trágica como a dos assassinatos em Realengo.

No Brasil, há outros casos de jovens que invadiram escolas e atiraram em ex-colegas. Em janeiro de 2003, na cidade de Taiuva, que fica no interior de São Paulo, o jovem de 18 anos Edmar Aparecido Freitas atirou em 8 pessoas, sendo que algumas delas ficaram com sequelas graves. Em seguida, o rapaz cometeu suicídio. Há suspeitas de que uma das causas do ato cometido por Freitas tenha sido o bullying sofrido por ele (Ribeiro, 2011).

Em 2004, na cidade de Remanso, interior da Bahia, "D", um adolescente de 17 anos, matou 2 pessoas, feriu 3 e foi desarmado pouco antes de cometer suicídio. Uma de suas vítimas era um colega de 13 anos que sempre o ridicularizava. No dia do crime, o agressor havia jogado lama em "D" (Sequelas..., 2006).

Todos esses casos devem servir de alerta para que o bullying seja combatido nas escolas, jamais sendo desprezado. É sempre melhor investir tempo e energia combatendo o bullying do que negando-o. É preciso agir antes que as agressões tomem maiores proporções.

Conclusão

Nem tudo é bullying. Nossa sociedade, acostumada com modismos, popularizou esse tema. Essa postura fez com que muitas pessoas considerassem situações normais nas escolas como bullying, sem perceberem que brigas, discussões e outras situações de conflito podem ser solucionadas de maneira muito mais simples e rápida.

Se caíssemos na armadilha de classificar tudo como bullying, a banalização das ações agressivas poderia nos levar a reagir de forma simplista e não eficaz. É justamente quando detectamos com precisão a ocorrência de casos de bullying que podemos agir com sabedoria.

Por outro lado, não podemos ignorar nem subestimar os efeitos negativos dessa prática para a vida adulta, como pudemos observar nos depoimentos. Isso nos faz concluir que uma possível postura de indiferença ou menosprezo em relação a esse fenômeno potencializa o sofrimento humano, abrindo espaço para a ocorrência de tragédias.

O mesmo cuidado que temos ao resgatar as vítimas deve ser dedicado também em relação aos agressores – não devemos cair na tentação de crucificá-los e, por conseguinte, desistirmos deles. Muitos adultos maravilhosos foram agressores na adolescência. Felizmente, eles tiveram orientações maduras, que lhes proporcionaram a construção de relações saudáveis.

Este livro buscou apresentar orientações úteis e esclarecimentos científicos a fim de restaurar o papel educativo das escolas e das famílias no combate ao bullying. Fazemos isso porque acreditamos na capacidade de mudança do ser humano!

Referências

BRASIL. Constituição (1988). Diário Oficial da União, Brasília, 5 out. 1988. Disponível em: <http://www.planalto.gov.br/ccivil_03/constituicao/constituicao.htm>. Acesso em: 15 jan. 2013.

BRASIL. Lei n. 8.069, de 13 de julho de 1990. Diário Oficial da União, Poder Legislativo, Brasília, 16 jul. 1990. Disponível em: <http://www.planalto.gov.br/ccivil_03/leis/L8069.htm>. Acesso em: 15 jan. 2013.

BULLYING motivou 87% de ataques em escolas, diz estudo dos EUA. G1 Educação, 16 abr. 2011. Disponível em: <http://g1.globo.com/educacao/noticia/2011/04/bullying-motivou-87-de-ataques-em-escolas-diz-estudo-dos-eua.html>. Acesso em: 13 mar. 2013.

CALHAU, L. B. Bullying: o que você precisa saber – identificação, prevenção e repressão. 2. ed. Niterói: Impetus, 2010.

CANEGHEM, D. V. Combatividade e agressividade. Rio de Janeiro: Zahar, 1980.

DIAS, E. O. Winnicott: agressividade e teoria do amadurecimento. Nat. hum., São Paulo, v. 2, n. 1, jun. 2000. Disponível em <http://pepsic.bvsalud.org/scielo.php?script=sci_arttext&pid=S1517-24302000000100001&lng=pt&nrm=iso>. Acesso em: 10 mar. 2013.

DOCUMENTO feito em cartório pode ser prova em casos de bullying. G1 São Paulo, 5 abr. 2011. Disponível em: <http://g1.globo.com/sao-paulo/noticia/2011/04/documento-feito-em-cartorio-pode-ser-prova-em-casos-de-bullying.

html>. Acesso em: 13 mar. 2013.

ERIKSON, E. H.; ERIKSON,, J. O ciclo da vida completo; Porto Alegre: Artes Médicas, 1998.

FANTE, C.; PEDRA, J. A. Bullying escolar: perguntas e respostas. Porto Alegre: Artmed, 2008.

FRANÇA, C.; MONTEZUMA, M. F. Projeto de ser: considerações sobre autoconceito, autoimagem e autoestima. Amae Educando, Belo Horizonte, n. 244, p. 11-14, jun. 1994.

GOLEMAN, D. Inteligência emocional. Rio de Janeiro: Objetiva, 2007.

GOVERNO do Japão lança novas diretrizes para impedir suicídios. International Press Digital, 29 ago. 2012. Disponível em: <http://www.ipcdigital.com/br/Noticias/Japao/Governo-do-Japao-lanca-novas-diretrizes-para-impedir-suicidios_29082012>. Acesso em: 13 mar. 2013.

JUNG, C. G. A natureza da psique. Obras completas de Jung. v. 7/2. Petrópolis: Vozes, 2011.

LOPES NETO, A. A. Bullying: comportamento agressivo entre estudantes. Jornal de Pediatria, Rio de Janeiro, v. 81, n. 5, p. 164-172, 2005.

MANICA, S. A. Ata notarial. Edição do autor. Porto Alegre, [s.d.].

MENEZES, L. S. Pânico: efeito do desamparo na contemporaneidade – um estudo psicanalítico. São: Paulo: Casa do Psicólogo; Fapesp, 2006. (Teses e Dissertações).

MOREIRA, F. Ruivo vítima de bullying é isolado em escola. O Globo, 24 jan. 2012. Disponível em: <http://oglobo.globo.com/blogs/pagenot found/posts/2012/01/24/ruivo-vitima-de-bullying-isolado-em-escola-428034.asp>. Acesso em: 13 mar. 2013.

O INSTITUTO NÃO VIOLÊNCIA. A organização. Disponível em: <http://www.naoviolencia.org.br/projeto-nao-violencia.htm>. Acesso em: 13 mar. 2013.

OLWEUS BULLYING PROTECTION PROGRAM. Disponível em: <http://www.violencepreventionworks.org/public/index.page>. Acesso em: 15 jan. 2013a.

_____. How Bullying Affects Children. Disponível em: <http://www.violence-preventionworks.org/public/bullying_effects.page>. Acesso em: 15 jan. 2013b.

OLWEUS, D. Aggression in the Schools: Bullies and Whipping Boys. Washington: Hemisphere Publ. Corp., 1978.

_____. Bullying at School: What We Know and What We Can Do. Oxford: Blackwell Publishing, 1993.

PIAGET, J. O Nascimento da inteligência na criança. 4. ed., Rio de Janeiro: Guanabara, 1987.

RIBEIRO, M. Oito anos depois, a pequena Taiuva ainda não esqueceu ataque de ex-aluno a escola no interior de SP. O Globo, 9 abr. 2011. Disponível em: <http://oglobo.globo.com/politica/oi-to-anos-depois-pequenataiuva-ainda-nao-esqueceu-ataque-de-ex-aluno-escola-no-interior-de-sp-2798361>. Acesso em: 13 mar. 2013.

SEQUELAS podem se manter na vida adulta e prejudicar carreira. Folha de São Paulo, 4 jun. 2006. Disponível em: <http://www1.folha.uol.com.br/fsp/cotidian/ff0406200608.htm>. Acesso em: 13 mar. 2013.

SILVA, C. M. L. Bullying e depressão no contexto escolar: um estudo psicos-sociológico. Dissertação Mestrado em Psicologia Universidade da Paraíba, 2010.

TOGNETTA, L. R. P. Violência na escola: os sinais de bullying e o olhar necessá-rio aos sentimentos. In: PONTES, A.; LIMA, V. S. de. Construindo saberes em educação. Porto Alegre: Zouk, 2005. p. 11-32.

TOURINHO, E. Z. Estudos conceituais na análise do comportamento. Temas em Psicologia da SBP, v. 7, n. 3, p. 213--222, 1999.

VEZZULLA, J. C. Teoria e prática da me-diação. Curitiba: Instituto de Mediação e Arbitragem do Brasil, 1998.

WALLON, H. As origens do pensamento na criança. Barueri: Manole, 1989.

WELLINGTON Menezes era vítima de "bullying" nos tempos da escola. O Globo, 8 abr. 2011. Disponível em: <http://oglobo.globo.com/rio/wellington-menezes-era-vitima-de-bullying-nos-tempos-da-escola-2798927>. Acesso em: 13 mar. 2013.

Sobre os autores

Marcos Meier é psicólogo, mestre em Educação, palestrante e escritor de sucesso sobre temas relacionados à formação de professores, em especial sobre a Teoria da Mediação da Aprendizagem de Reuven Feuerstein. Há vários anos é comentarista de rádio e TV, falando sobre educação de filhos e relacionamentos de qualidade. Contatos podem ser realizados por meio do site www.marcosmeier.com.br

Jeanine Rolim é pedagoga, palestrante, pós-graduada em Teoria da Modificabilidade Estrutural Cognitiva de Reuven Feuerstein e formanda em psicologia. Foi diretora de um centro de educação infantil, coordenadora e professora de ensino fundamental. Além disso, trabalhou com crianças em situação de risco em uma ONG internacional.

EDITORA intersaberes

Rua Clara Vendramin, 58 . Mossunguê
CEP 81200-170 . Curitiba . PR . Brasil
Fone: (41) 2106-4170
www.intersaberes.com
editora@editoraintersaberes.com.br

Conselho editorial
Dr. Ivo José Both (presidente)
Drª. Elena Godoy
Dr. Nelson Luís Dias
Dr. Neri dos Santos
Dr. Ulf Gregor Baranow

Editora-chefe
Lindsay Azambuja

Supervisora editorial
Ariadne Nunes Wenger

Analista editorial
Ariel Martins

Preparação de originais
Raphael Moroz

Capa
Gabriel Czap

Projeto gráfico e diagramação
Mayra Yoshizawa

Ilustrações
Adriano Pinheiro

Iconografia
Sandra Sebastião

1ª edição, 2013.
Foi feito o depósito legal.

Informamos que é de inteira responsabilidade dos autores a emissão de conceitos.

Nenhuma parte desta publicação poderá ser reproduzida por qualquer meio ou forma sem a prévia autorização da Editora InterSaberes.

A violação dos direitos autorais é crime estabelecido na Lei n. 9.610/1998 e punido pelo art. 184 do Código Penal.

Dados Internacionais de Catalogação na Publicação (CIP)
(Câmara Brasileira do Livro, SP, Brasil)

Meier, Marcos
Bullying sem blá-blá-blá/Marcos Meier, Jeanine Rolim. – Curitiba: InterSaberes, 2013.

Bibliografia
ISBN 978-85-8212-811-4

1. Bullying 2. Comportamento 3. Comportamento agressivo 4. Conflito interpessoal 5. Educação – Finalidades e objetivos 6. Indisciplina 7. Pais e professores 8. Psicologia educacional 9. Valores (Ética) 10. Violência I. Rolim, Jeanine. II. Título.

13-02747   CDD-370.15

Índices para catálogo sistemático:
1. Bullying e indisciplina: Prevenção: Educação e psicologia 370.15
2. Violência: Prevenção: Educação e psicologia 370.15

Impressão: BSSCARD
Abril/2013